Die schönsten Motorradrouten

SPANIEN

Touren von den Pyrenäen bis Andalusien

Hans Michael Engelke

D1704858

BRUCKMANN

INHALT

Bild oben links: Kabelsalat in Casares – antiquiert, aber beschaulich.
Bild oben rechts: Galt einst als das Ende der Welt – Fisterra.
Bild rechte Seite: : In Andalusiens Südosten – alte Mühle bei San José.

*Linke Seite:
Steile Karriere vom
Werbeträger zum
Symbol spanischer
Stärke – El Toro.*

*Links: Die verwinkel-
ten Gassen Peñisco-
las wirken nachts
besonders heimelig.*

*Rechts: Geschützt
und naturbelassen –
das Cabo de Gata in
Andalusien.*

*Rechts unten: Drei
Männer und eine
Siesta – nur nicht
aus der Ruhe brin-
gen lassen.*

Spanien – das ist weit mehr als sonnenver-wöhnte Strände, aussichtsreiche Küstenstra-ßen und kurvenreiche Pyrenäenpässe. Selbst bei langjährigen Spanienfahrern sorgt die Iberische Halbinsel immer wieder für neue fan-tastische Eindrücke. Ob Andalusien mit seiner einzigartigen Wüstenlandschaft und seinen grandiosen Bergstrecken zwischen weißen Dörfern, Aragón mit seiner geschichtsträchti-gen Steppenlandschaft und dem riesigen Becken des Rio Ebro oder Galicien, das so gar nicht dem spanischen Klischee entsprechen will und mit seiner grünen, bergigen Land-schaft eher an Schottland oder Irland erinnert. Auch uns überrascht Europas Südwesten bei jeder Reise aufs Neue.

Kiki, die beste Sozia der Welt, und ich reisen seit vielen Jahren regelmäßig mit dem Motor-rad durch Spanien. In dem vorliegenden Buch stellen wir die unserer Meinung nach interes-santesten Regionen dieses sympathischen Landes vor. Für jeden Geschmack, jeden Typ sollte etwas dabei sein. Die langen, schnurge-raden Strecken des kastilischen Hochplateaus lassen Erinnerungen an Amerikas Highways aufkommen und sind das ideale Revier für genüssliche Choppertouren. Die kurvenrei-chen Straßen im Grenzgebiet zwischen der Algarve und Andalusien bieten Top-Asphalt und sind das Mekka der Knieschleiferfraktion. Der östliche Teil der andalusischen Küste hält jede Menge traumhafte Schotterpisten ent-lang der faszinierenden Küste für engagierte Endurofahrer bereit.

Einige der Touren eignen sich hervor-ragend für die Winterflucht. Während sich zu Hause Freunde und Familie über schmuddeli-ges Winterwetter ärgern, lässt es sich am süd-lichen Ende des europäischen Kontinents prima fahren und leben. Und wer meint, im Sommer wäre Spanien grundsätzlich zu heiß, irrt. Der meist frische Wind an der Costa de la Luz kühlt auch in der heißen Jahreszeit ange-nehm, und Galicien ganz oben im Nordwesten ist sowieso ganz anders als der Rest Spaniens und eh nichts für Weicheier. Ergänzt haben wir den Band um zwei Beschreibungen, die we-niger Tourencharakter haben, aber dennoch unbedingt sehenswerte Reiseziele vorstellen. Barcelona und Gibraltar ergänzen vortrefflich die sie umgebenden Touren und sind echte Höhepunkte jeder Spanienreise.

Lassen Sie sich von dem Buch für Ihre nächste Motorradreise inspirieren. Ich wün-sche Ihnen dabei recht viel Vergnügen.

Gute Reise!

Hans Michael Engelke, April 2005

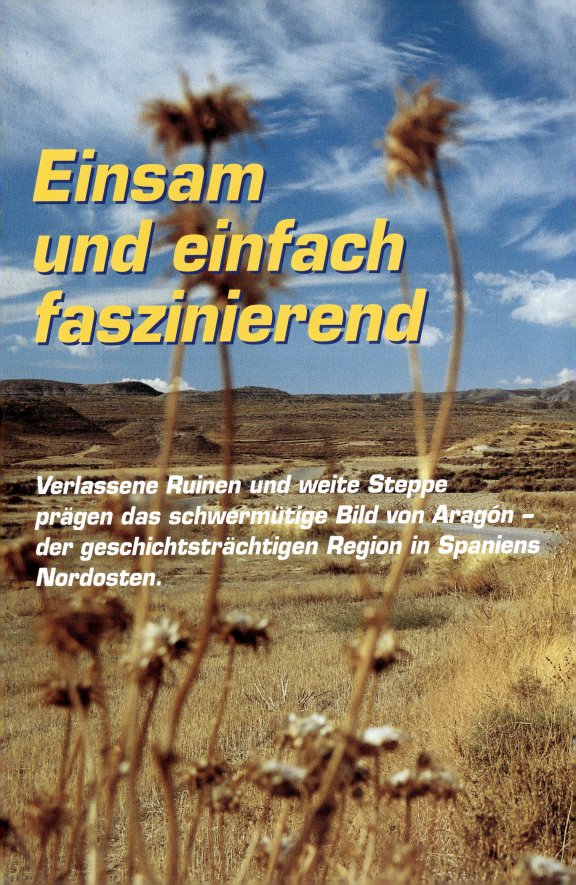

Einsam
und einfach
faszinierend

**Verlassene Ruinen und weite Steppe
prägen das schwermütige Bild von Aragón –
der geschichtsträchtigen Region in Spaniens
Nordosten.**

Einsam ist es hier, leer und verlassen. Gerade waren wir noch unterwegs im hektischen Verkehr der katalonischen Großstadt Lleida. Wenige Kilometer weiter passierten wir die Grenze zur autonomen Region Aragón. Kaum sind wir dort von der Schnellstraße abgebogen, scheinen die Nebenstrecken uns allein zu gehören. Der Verkehr, der uns eben noch aus der Stadt in Richtung Westen spülte, rollt weiter auf der Autobahn nach Saragossa, der Hauptstadt Aragóns. Wir halten uns südlicher, fahren entlang des Rio Cinca, der bald in den mächtigen Rio Ebro mündet.

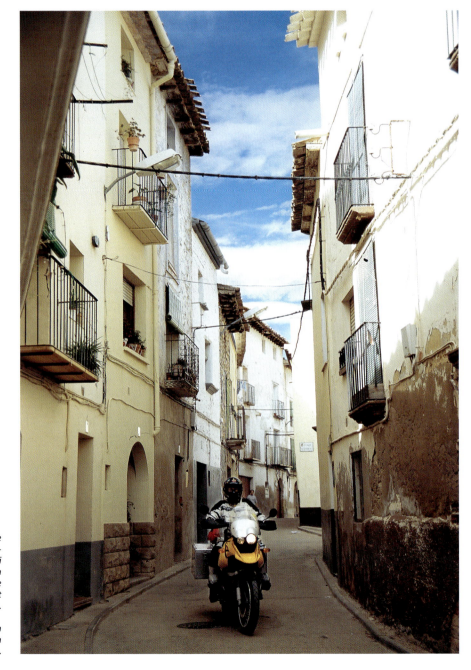

Vorangehende Doppelseite: Im Rio-Ebro-Becken bei Mediana de Aragón macht die Sonne kurzen Prozess mit dem Grün.

Die Gassen sind schmal in Valdealgorfa.

Auf einsamer Strecke zum »Aragónischen Meer«

1 400 Kilometer liegen hinter uns. 1 400 Kilometer voller Vorfreude auf die ruhige, stille Region Aragón. Fast entvölkert wirken lange Streckenabschnitte im Becken des Rio Ebro. Auf der gut ausgebauten Landstraße, deren ganze Breite ich schamlos ausnutze, sind wir zügig unterwegs. Der raue Asphalt klebt wie Uhu, und es macht mächtig Spaß, die vollgepackte BMW durch die langgezogenen Kurven zu treiben. Unser Ziel ist das Mar de Aragón. Kein wirkliches Meer, sondern der aufgestaute Rio Ebro trägt diesen wohlklingenden Namen. Embalse de Caspe und Embalse de Mequinenza heißen die beiden Stauseen offiziell, die gemeinsam die 8 700 Hektar große Wasserfläche bilden, ein Mekka der Angler und Wassersportler. Und wäre die Region nicht so unbe-

kannt, sie wäre sicher auch ein Mekka der Motorradfahrer.

Wir steuern unser Basislager an, den Campingplatz Lake Caspe. Wenige Kilometer vor dem Städtchen Caspe liegt die Anlage direkt am Wasser des »Aragónischen Meeres«. Mit dem eigenen Sporthafen ist sie erklärtes Ziel vieler Petrijünger. Wir finden einen ruhigen, schattigen Platz unter den Bäumen, stellen erst mal unser Zelt auf und erholen uns wenige Meter weiter am sonnigen Ufer des Sees von der Anreise. Abends steigen wir noch mal auf die GS, düsen schnell die 14 Kilometer nach Caspe. In dem kleinen, belebten Städtchen gönnen wir uns in einem der zahlreichen kleinen Restaurants eine leckere Paella mit reichlich zartem Geflügel, dazu ein eiskaltes Cerveza. Leider muss es vorerst bei einem dieser erfrischenden Exportbiere bleiben, drau-

Natur pur und Menschenleere bietet die Sierra de Aisa.

Oliven, der Export-schlager aus Aragón.

ßen wartet unser Motorrad. Gut gesättigt treten wir noch zu einem Verdauungsspaziergang durch die kleinen und engen Sträßchen Caspes an, erkunden die dunklen Gassen, schlendern noch ein bisschen an den wenigen beleuchteten Fenstern vorbei.

Verlassene Ruinen, Olivenhaine und braune Steppe

Schon vor der Sonne stehen wir am Morgen auf. Es ist noch kühl, dicke Tautropfen laufen am Zelt herunter. Schnell wärmt der fauchende Benzinkocher das Kaffeewasser, und mit den ersten Sonnenstrahlen sind wir schon unterwegs. Flache Nebelschwaden stehen auf der menschenleeren Straße, hier und da schimmert der graue Asphalt nass und dunkel. Durch die Sierra de Caspe halten wir uns südlich. Eine uralte, ruinöse Kirche am Straßenrand macht uns neugierig. Zwischen den Olivenbäumen neben dem zerfallenen Gotteshaus stellen wir die BMW ab. Über Geröll,

Schutt und jede Menge Grünzeug klettern wir in den Innenraum. Über uns schweben drohend die dicken Balken der Decke, einige sind schon heruntergestürzt. Darüber sichtbar ist der freie Himmel, in den sich der marode Kirchturm immer noch trotzig streckt. An den Mauern erkennen wir die ausgeblichenen Reste großer Wandbilder, durchzogen von Rissen, in die wir locker den ganzen Arm stecken können. Ganz wohl ist uns unter den morschen Dachbalken nicht, also verlassen wir die Ruine wieder durch eine der Fensteröffnungen.

Bei Maella biegen wir auf die schmale A 1412 ab. Entlang des schmalen Rio Tastavins schwingen wir locker durch die steppenartige Landschaft. Braune Felder und Olivenhaine bestimmen das Bild. Hunderte Spinnennetze glitzern taugetränkt in der Sonne. Um flache Hügel und kleine Senken führt die Strecke herum, dicke rotbraune Felsblöcke zwangen den Straßenbauern einen wilden Slalomkurs auf. Die wenigen kleinen Dörfer, die wir durchfahren, wirken wie ausgestorben. Fast jedes zweite Haus ist verfallen, die Türen und Fenster zugewachsen, die Dächer eingestürzt. Rund 1,2 Millionen Menschen leben in Aragón, davon über die Hälfte in der Hauptstadt Saragossa. Die restlichen 600 000 Aragónier verteilen sich auf rund 45 000 Quadratkilometern, einer Fläche größer als die Niederlande, und dort leben immerhin über 15 Millionen Menschen. Und es sind meist nur die Alten, die in den Dörfern Aragóns leben. Die Jungen sehen keine Perspektive auf dem Land und suchen ihr Glück in den Großstädten Saragossa oder Barcelona.

Mitten in dieser Einsamkeit liegt der Embalse de Calanda. Vorbei an der Staumauer windet sich die Straße am Ufer des Sees entlang. Wir halten an einer Anhöhe, lassen uns über die in der Sonne glitzernde Oberfläche die Sonnenstrahlen ins Gesicht scheinen. Weite Einsamkeit, absolute Stille herrscht um uns herum. Wir sitzen ein paar Minuten auf den Steinen, genießen das Panorama, als ich eine Bewegung zwischen den grünen Büschen wahrnehme. Ein Fuchs, wahrscheinlich auf der Suche nach einem schmackhaften Mittagessen, nimmt Kurs auf uns. Wir bewegen uns nicht, atmen kaum. Keine zehn Meter trabt der Bursche in aller Ruhe an uns vorbei, würdigt uns keines Blickes. Wir düsen weiter durch die verdörrte, staubtrockene Landschaft bis Mirambel. Durch ein kleines Tor inmitten eines mehrstöckigen alten Hauses rollen wir in den

Vergittert – Brücke über den Stausee Embalse de la Peña.

Spannende Strecken unter blauem Himmel – die Sierra Carrascosa.

von einer Stadtmauer umgebenen Ort. Die Fassaden sind liebevoll restauriert, das ganze Dorf wirkt wie ein Freilichtmuseum. Kleine Läden zwischen den Bogen und Arkaden machen neugierig, verwinkelte Gässchen locken zum Bummeln. Wir parken die BMW auf einem großen Platz, erkunden zu Fuß das Labyrinth des Ortes, dessen ganze Altstadt von der UNESCO als Kulturdenkmal unter Schutz gestellt wurde.

Es wird bergiger. Längst haben wir die flache Steppe hinter uns, klettern mit der A 226 immer höher in die Berge, umrunden den 1779 Meter hohen Muela. Zahllose Aussichtspunkte am Rand der Strecke bieten spannende Panoramen. Wir fahren an Cañada de Benatanduz vorbei. Über eine Schlucht hinweg liegt der malerische Ort auf einem Felsplateau, überragt von der Kirche. Unter den schneeweißen Häusern schmiegen sich terrassenförmige, schmale Gärten an die Bergwand.

KAFFEE – IN SPANIEN SEHR BELIEBT

Kaffee steht auf fast jeder spanischen Getränkekarte. Damit der Gast jedoch auch den richtigen wählen kann, sollte man die Unterschiede kennen. Der kleine schwarze Starke heißt auch in Spanien espresso oder café solo. Kommt ein Schuss Milch, oft aufgeschäumt, hinzu, nennt er sich café cortado und wird auch im Glas serviert. Der café con leche entspricht in etwa unserem Milchkaffee. Eine interessante Variante ist der carajillo, ein Kaffee mit einem Esslöffel Anislikör oder Weinbrand. Zum Erfrischen kann man seinen Kaffee auch con hielo bestellen, mit Eis. Der gelegentlich auf der Karte auftauchende café americano ist lediglich ein gestreckter Espresso.

Einige Kilometer weiter arbeitet sich die Straße in kernigen Kehren durch die Berge. Am Puerto de Villarluengo durchschneidet sie grauen Fels und führt über den Rio Guadalope. Bei Ejulve, zu Füßen der Sierra de la Lastra, herrscht auf einmal Bewegung in der Luft über uns. Wir klettern vom Motorrad, verrenken uns den Hals beim Blick in den strahlend blauen Himmel. Über den Höhenzug des Majalinos schweben einige mächtige Mönchsgeier herüber. Ohne einen Flügelschlag gleiten die majestätischen Vögel, deren Spannweite bis zu drei Meter betragen kann, knapp über uns hinweg. Auf der anderen Seite der Schlucht steigen sie im Aufwind an der Felswand in großen Kreisen immer höher. Wir machen uns wieder auf die Reifen. In Alcañiz stärken wir uns in einem der vielen gemütlichen Straßencafés mit einer Tasse carajillo, dem starken,

heißen Kaffee, aufgepeppt mit einem Esslöffel Brandy. Und von dem verstehen die Spanier bekanntlich etwas. Am Abend sind wir gerade rechtzeitig zurück, um den Sonnenuntergang am Mar de Aragón zu erleben. Glutrot taucht die Sonne in die letzten Wolken am Horizont ein. So müssen Urlaubstage ausklingen.

Highway zur Geisterstadt Belchite – ein Stück traurige Geschichte

Die wilden Schleifen des Rio Ebro sind unser nächstes Ziel. Oberhalb des Embalse de Caspe, wo der Fluss gerade in den Stausee übergeht, treffen wir ihn wieder. Fahren am Ufer entlang, überqueren den fast 1 000 Kilometer langen Strom bei Escatrón. Gleich hinter der Brücke weist uns ein großes Schild den Weg zum Monasterio de Rueda. Wir machen einen

Auch im tiefsten Outback hat der Schienenverkehr noch Vorrang.

Abstecher entlang des Ebro zu dem beeindruckenden Kloster im romanisch-byzantinischen Stil. Das große Gebäude mit seiner gepflegten Grünanlage und dem hohen Turm dient heute als hospederia. 35 Zimmer, mehrere Tagungsräume, Restaurant und Bar bietet das Hotel in historischem Ambiente. Einige Kilometer weiter lockt uns Cinco Olivas. Neugierig folgen wir den Wegweisern zur Ebro-Fähre. An der Rampe müssen wir wieder umkehren, außer ein paar Enten und Gänsen ist niemand zu sehen, die Fähre scheinbar nicht in Betrieb. Also geht es wieder zurück über die Brücke bei Escatron und von dort in Richtung Westen. Die A 1307 führt kilometerlang schnurgerade durch die flache, ausgedörrte Landschaft. Wie auf den Highways des amerikanischen Westens fühlen wir uns auf dieser Etappe. Die beiden Autos, die uns auf der ganzen Strecke begegnen, sehen wir schon Minuten, bevor sie uns passieren. Am Ende dieses faszinierenden Stückes liegt Belchite. Ein Ort mit trauriger Vergangenheit. Mit einem merkwürdigen Gefühl im Bauch rollen wir durch den älteren Teil des kleinen Dorfes. Nur noch Ruinen stehen hier. Es wirkt, als sei gestern noch zwischen den Mauern geschossen und bombt worden. Bröckelige Hauswände, nur noch gehalten und gestützt durch dicke Balken, in den Fassaden zerschossene Fenster- und Türöffnungen, die Wege übersät von braunen Ziegelsteinen und Resten der dachlosen Ruinen. Darüber ragen die Überreste der zerstörten Kirche in den tiefblauen Himmel. Belchite zeugt noch heute von der sinnlosen Brutalität des Krieges.

Im Sommer 1936 begann der spanische Bürgerkrieg. Offiziere der Armee unter der

Die Ruinen von Belchite zeugen noch heute von der traurigen Vergangenheit.

Führung General Francos putschten gegen die kurz zuvor demokratisch gewählte Regierung. Schnell überrollten Francos marodierende Truppen Belchite. Der republikanische Teil der Anwohner wurde verschleppt, ermordet, vertrieben. Einen Monat später schlugen die Republikaner zurück. Zwölf Tage verteidigten sich Francos Nationalisten in dem kleinen Ort. Um jedes Haus, jede Straße wurde blutig gerungen, dann siegten die Republikaner und übten ihrerseits Rache und Vergeltung an den Nationalisten. Den wenigen Überlebenden stand das Schlimmste aber noch bevor. Am 9. März 1938 schlug Franco in Aragón zurück. Mit Unterstützung durch 400 Bomber der deutschen Legion Condor legten die Putschisten die Region um Belchite in Schutt und Asche. Aufgebaut wurde Belchite nie wieder. Franco selbst hatte angeordnet, dass die Ruinen als Mahnmal an die Gräueltaten der Republikaner und als Symbol für den Widerstand der Nationalisten erhalten bleiben sollten. Bis heute

sind die Ruinen nur notdürftig gegen Einstürze gesichert. Bei der UNESCO liegt derzeit ein Antrag Spaniens vor, die Ruinen als Kulturgut der Menschheit, als Mahnmal für den Frieden, anzuerkennen.

Die Weinkultur

Mit Gänsehaut verlassen wir den traurigen Ort, düsen bei strahlender Sonne weiter Richtung Westen. Zügig fliegt die braune Erde der abgeernteten Felder, das verdorrte Gras am Straßenrand an uns vorbei. Wir genießen den kühlenden Fahrtwind, steuern auf Fuendetodos zu, den Geburtsort Francisco José de Goyas. Der berühmte Künstler schuf religiöse Fresken, Altarbilder und zahlreiche gesellschaftskritische und groteske Radierungen und Bilder. Sein Geburtshaus inmitten des kleinen Ortes ist zu besichtigen und beherbergt eine Ausstellung rund um das Schaffen des Malers. Bis Cariñena fahren wir noch weiter, dort reizen uns die leckeren Weine. Der kleine Ort Cari-

Schräglage unter Schneegipfeln – unterhalb der Pyrenäen bei Jaca.

In der Sierra de la Lastra liegt das beschauliche Cañada de Benatanduz.

ñena gibt der 22 000 Hektar großen Rebfläche der Region ihren Namen. Nur sechs Prozent der Reben, die hier angebaut werden, tragen auch den Namen der Rebsorte Cariñena. Wir fahren durch die Weingärten, überall hängen dicke dunkelblaue Trauben zwischen den bunten Blättern. Zu groß wird die Verlockung, kurz vor dem Ort halten wir bei einem Weinbauern, der gerade mit der Hege seiner Weinstöcke beschäftigt ist. Mit einigen spanischen Vokabeln, Händen und Füßen fragen wir ihn, ob wir ein paar Trauben probieren dürfen. Kein Problem, mit freundlichem Gesicht drückt er uns ein paar in die Hände. Die von der Sonne verwöhnten süßen Trauben schmecken köstlich. In einer der Bodegas im Ort holen wir uns gleich eine Flasche des guten roten Tropfens. In großem Bogen durch die bergige Landschaft der Sierra de Algarién treten wir dann wieder den Rückweg an.

Chaos Saragossa und dann ab in die Pyrenäen

Welch ein Trubel. Mit Sack und Pack brachen wir heute Morgen auf, wollten eigentlich Saragossa erkunden. Vergeblich versuchen wir, uns durch den dichten Verkehr in Richtung Innenstadt zu quetschen. 600 000 Einwohner hat Aragóns Hauptstadt, und es hat den Anschein, als wären alle auf den Beinen oder besser gesagt, auf den Reifen. Genervt stehen wir mitten im Stau und kommen kaum vorwärts. Wir sind zur falschen Tageszeit auf der falschen Straße. Als uns dann auch noch ein Bus in Richtung Bordstein drängt und ich mit einer Vollbremsung so eben noch einen Abflug verhindern kann, haben wir die Nase voll. Ich mache kehrt, halte auf die Stadtautobahn zu, und schnurstracks steuern wir entlang des Rio Gállego in Richtung Norden. Sehr schnell haben wir das Chaos hinter uns gelassen. Vorbei an den Tafelbergen der Sierra de Luna nähern wir uns Aragóns Norden, den Pyrenäen. Nicht mehr das weite, flache, trockene Land des Rio-Ebro-Beckens beherrscht das Bild, es wird bergiger, grüner und auch kurviger. Je höher wir kommen, umso diesiger wird es auch. Bei Riglos fallen die ersten Regentropfen unserer Tour. Wir haben Glück, gleich unterhalb der Los Mallos finden wir einen Campingplatz, sogar mit Aussicht auf die beliebten Kletterfelsen. Viel haben wir davon aber nicht, es ist neblig geworden. Als unser Zelt steht, fängt es erst richtig an zu regnen. Schade, gerne hätten wir uns noch ein paar Blicke auf die beeindruckende Felsformation aus rot leuchtendem Konglomeratgestein gegönnt.

Wie zu einer Privatvorstellung haben sich am nächsten Morgen alle Wolken und Nebelbänke verzogen. Als ich meinen Kopf aus dem Schlafsack stecke, leuchtet schon die Zeltbahn in der Morgensonne. Ruckzuck sind wir draußen und absolut begeistert. Die mächtigen Felssäulen leuchten in sattem Ocker, Gelb und Rot, darunter die strahlend weißen Häuser von Riglos. Der blaue Himmel mit der strahlenden Sonne macht das Bild perfekt. Wir genießen unseren Kaffee mit Bergblick und sitzen bald wieder auf dem Motorrad. Vorbei an Jaca schrauben wir uns immer höher in die Pyrenäen, auf die Grenze Frankreichs zu. Oberhalb der Sierra de Aisa, am Col de Somport, verlassen wir Aragón, überqueren die Grenze nach Frankreich. Vor uns liegen 1 200 Kilometer Heimweg, hinter uns eine fantastische Motorradtour durch eine der einsamsten und interessantesten Regionen Spaniens.

Aragóns Kletterparadies – die Felsengruppe Los Mallos bei Riglos.

ALLGEMEINES

Die autonome Region Aragón liegt im Nordosten Spaniens. Im Norden endet die Region in den Pyrenäen an Frankreichs Grenze. Das zentral gelegene Becken des Rio Ebro ist im Gegensatz dazu ein extrem trockenes Flachland. Von den rund 1,2 Millionen Einwohnern lebt etwa die Hälfte in der Hauptstadt Saragossa, der Rest verteilt sich auf etwa 45 000 Quadratkilometern. Weite Landstriche wirken dadurch regelrecht entvölkert. Wer die Einsamkeit liebt, ist in Aragón richtig.

Immer wieder eine Erleuchtung – Sonnenaufgang am Mar de Aragón.

KLIMA UND REISEZEIT

Aragón wird beherrscht von kontinentalem Klima. Kalte Winter wechseln sich mit sehr heißen Sommern ab. Als ideale Reisezeit empfehlen sich das Frühjahr – schon ab März wird es deutlich wärmer – und der Herbst bis in den November. Der Sommer kann im Rio-Ebro-Becken unerträglich heiß werden, Temperaturen von 35 und mehr Grad sind keine Seltenheit. In den Höhenlagen der Pyrenäen ist das Klima eher alpin.

MOTORRADFAHREN

Lange, schnurgerade Strecken wechseln sich im Flachland mit kurvenreichen Landstraßen ab. In den Pyrenäen locken spannende Kehren und Serpentinen, ganz im Süden wird es ebenfalls wieder sehr bergig. Die Montes de Castejon nördlich von Saragossa und die Sierra de Alcubierre bieten jede Menge Endurospaß. In Aragón kommt jeder Zweiradfahrer auf seine Kosten.

SEHENSWERTES

Im extrem dünn besiedelten Aragón gibt es unzählige Gelegenheiten zu spannenden Entdeckungstouren mit dem Motorrad. Das Mar de Aragón sollte man sich auf keinen Fall entgehen lassen, das verwüstete Belchite

ist ebenfalls ein Muss. In den Pyrenäen unbedingt die Los Mallos de Riglos einplanen.

ESSEN UND TRINKEN

Zum Frühstück gibt es churros und einen café con leche, den leckeren Milchkaffee. Besonders Aragón ist die Region der Tapas. Serrano-Schinken oder albóndigas, die schmackhaften Fleischbällchen, pinchitos, das sind Fleischspießchen, oder Huhn in Knoblauch, also pollo al ajillo gehören dabei zu unseren Favoriten. Lecker sind auch die verschiedenen Kartoffel- und Eierkuchen, die Tortillas. Als Nachtisch unbedingt Karamellpudding, flan, probieren. Auch die kandierten, mit Schokolade überzogenen Früchte sind sehr lecker. Cariñena ist ein bedeutendes Weinanbaugebiet. In den Bodegas des Städtchens lassen sich die Weine bestens probieren.

UNTERKUNFT

In den größeren Orten helfen die lokalen Touristenbüros gerne mit Tipps zur Übernachtung. Dort finden sich gute Hotels mit bis zu fünf Sternen oder Hostales mit drei Sternen. Preiswerte, aber saubere Privatzimmer, so genannte habitaciones, wer-

den in vielen Dörfern angeboten. Da die Ortschaften jedoch spärlich gesät sind, sollte bereits am Nachmittag Ausschau gehalten werden. Das Angebot an Campingplätzen ist recht groß, viele liegen landschaftlich sehr schön. Eine ruhige Ecke zum wilden Campen findet sich in Aragón immer.

KARTEN

Die Michelin-Karte Spanien, Portugal im Maßstab 1:1 000 000, ISBN 2-06-710472-1, bewährt sich für die Planung und Anreise. Vor Ort empfiehlt sich Michelin, Katalonien, Aragón, Andorra, 1:400 000, mit Stadtplänen von Barcelona, Gerona und Saragossa, ISBN 2-06-100763-5.

ADRESSEN UND INTERNET

Spezielle Seiten über Aragón gibt es nicht. Interessant für alle Spanienreisenden ist die Seite www.red2000.com. Allerlei Wissenswertes findet sich auch bei www.zarzuelo.de, ebenso beim spanischen Tourismusinstitut www.spain.info. Für telefonische und schriftliche Anfragen:
Spanisches Fremdenverkehrsamt, Kurfürstendamm 63, 10707 Berlin, Tel. 030/882 65 43.

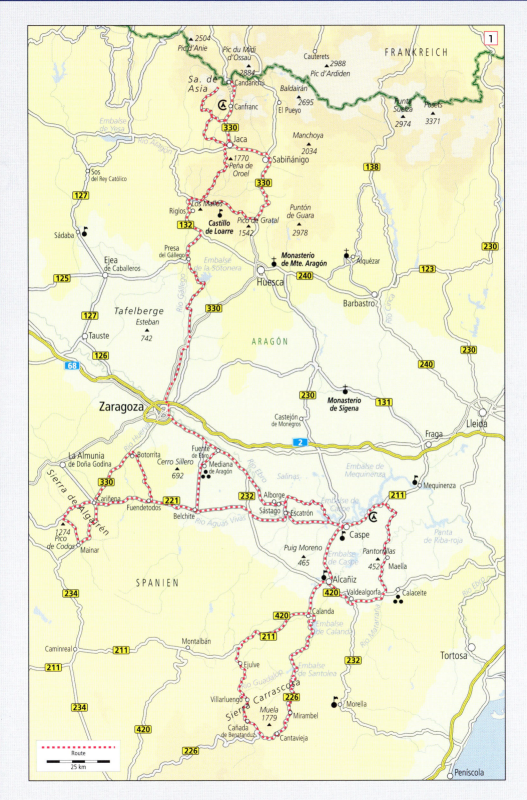

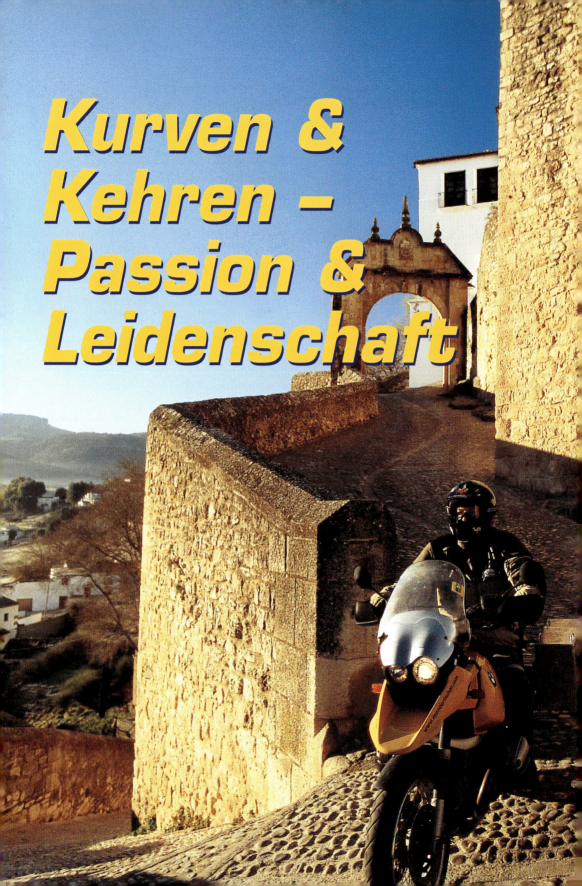

Kurven & Kehren – Passion & Leidenschaft

Auf aussichtsreichen Küstenstraßen, durch grüne Berge und weiße Dörfer – unterwegs in Andalusiens Süden

Sonne, Strand, Palmen, schneeweiße, zinnenbewehrte maurische Häuser und Türmchen, ein Hafen, in dem bunte Fischerboote schaukeln, dazwischen sonnengebräunte Männer, die Netze flicken, und Kinder, die am Kai toben – es gibt kaum ein Klischee, dass Tarifa nicht erfüllt. Und dennoch wirkt hier nichts kitschig, gestellt, künstlich. Es ist das echte Leben. Ein Leben am südlichsten Ende Kontinentaleuropas, die afrikanischen Berge in Sichtweite, gerade mal 14 Kilometer entfernt vom marokkanischen Festland. Wir haben unsere BMW im Fischerhafen abgestellt, lassen die Beine von der Mole hängen und genießen die warmen spätherbstlichen Sonnenstrahlen im Gesicht. Hier, an der Straße von Gibraltar, ist das ganze Jahr über Motorradsaison, inklusive Sonnenscheingarantie. Genau richtig für die letzte große Tour des Jahres. Gut, 2 248 Kilometer Anreise sind kein Pappenstiel, nichts für ein verlängertes Wochenende. Aber die Belohnung für viele, viele Stunden Fahrt fällt dafür umso reichlicher aus. Beine und Seele baumeln hier um die Wette, während im grauen Alltag zu Hause der Herbststurm die Mütze vom Kopf fegt. Ein Stück fahren wir hinaus auf die kleine Halbinsel Punta Tarifa. Über eine kurze Teerstraße kommen wir fast bis an die alten Befestigungsmauern. Rechts und links liegen Sandstrände ohne Ende.

Zehn Motorradminuten entfernt steht unser Zelt windgeschützt keine 100 Meter vom Strand der Costa de la Luz entfernt. Und was für ein Strand – feiner Sand für den erholsamen Strandspaziergang, grünes Gras inmitten der dichten Macchia für ungestörte Mittagsschläfchen, graue Felsen zum spannenden Klettern. Dabei fällt stets der Blick auf das tiefblaue Meer, gespickt mit weißen Schaumkronen und den bunten Schirmen der Kitesurfer, darüber der nicht weniger blaue Himmel. Trotzt der Traumkulisse haben wir es nicht lange ausgehalten, das Nichtstun. Rauf auf die GS, runter vom Campingplatz und ab

Vorangehende Doppelseite: Am frühen Morgen sind Rondas verwinkelte Gassen noch menschenleer.

Wichtig für die Region – Windenergie und Kühe bei Baelo.

auf die traumhafte Küstenstraße entlang der sandigen Buchten, die so wohlklingende Namen tragen wie Ensenada de Valdevaqueros oder Ensanada de Zahara.

Natur & Kultur pur!

Wir verabschieden uns von Tarifa mit einer Ehrenrunde durch die schmalen Gassen und brausen in Richtung Westen. Auf der breiten Küstenstraße sind wir zügig unterwegs, über-

holen den einen oder anderen bummelnden Iberer in seinem Auto und freuen uns über die langgestreckten Kurven. Bei El Valle biegen wir ab, Schluss mit hurtig, Sightseeing ist angesagt. Die Strecke ist so aussichtsreich, es wäre schade um jeden Kilometer pro Stunde zu viel auf dem Tacho. Niedrige, graue Steinmauern fassen die Straße ein, die im wilden Geschlängel über die Hügel in Richtung Küste führt. Neugierige Esel schauen uns vom Straßenrand

hinterher. Ein Pferd schlendert quer über den Asphalt und lässt sich von uns überhaupt nicht stören. Hier sehen sogar die Kühe nach Urlaub aus, eine achtköpfige Herde stapft gemütlich am Sandstrand entlang. Nach einigen Kilometern weisen Schilder auf die römischen Ruinen von Baelo Claudia hin. Die ehemals wichtige römische Stadt wurde im 2. Jahrhundert v. Chr. gegründet und ist heute ein sehenswertes Freilichtmuseum. Den einst hier gefangenen Fisch exportierten die Römer in das ganze Reich.

Am Ortsausgang stehen große Hinweistafeln, von denen wir nicht so recht wissen, was sie bedeuten. Wir fahren skeptisch weiter, langsam steigt die Straße an. Rechts und links dichte Wälder, an der jetzt immer weiter entfernten Küste sehen wir eine riesige Sanddüne. Hohe Felswände säumen einige Minuten weiter unseren Weg. Das Gestein leuchtet in kräftigem Orange, Rot und Gelb. Dazwischen liegen ausgeblichene mächtige Baumstämme. Majestätische Greifvögel drehen im

Aufwind über den warmen Felsen ihre Kreise. Wir stellen die GS am Straßenrand ab und schauen den segelnden Fliegern zu. Zwei von ihnen steuern immer wieder die gleiche Stelle an der Wand an und lassen sich kurz dort nieder. Bald schmerzt unser Genick vom vielen Gucken, und wir machen uns auf der menschenleeren Strecke wieder auf die Reifen. Wenige Kehren weiter wird uns klar, was die großen Tafeln wohl bedeutet hatten. Eine rotweiße Schranke quer über die Straße versperrt jede Weiterfahrt. Hier beginnt ein militärisches Sperrgebiet, Sackgasse. So können wir die herrliche Strecke auf dem Rückweg ein zweites Mal genießen.

Zurück auf der breiten Küstenstraße gebe ich wieder Gas. Obwohl ich schon zügig fahre, sehe ich im Rückspiegel eine Hand voll Motorradfahrer hurtig aufschließen. Ich mache Platz, ziehe rechts rüber, da preschen die Jungs schon in der langgezogenen Kurve an uns vorbei, ausgeräumter Auspuff und freundlicher Gruß inklusive. Unser nächstes Ziel ist das

Das schönste Licht am Vormittag – zwischen Baelo und Zahara de los Atunes.

Echte Traumstrände liegen rechts und links des Cabo de Trafalgar.

Cabo de Trafalgar, ein geschichtsträchtiger Ort. Ziemlich genau vor 200 Jahren, am 21. Oktober 1805 fand in den Gewässern vor dem Cap die letzte große Seeschlacht statt. 31 britische Kriegsschiffe unter dem Kommando des legendären Admiral Lord Nelson stießen auf einen französisch-spanischen Verband von 38 Schiffen, geführt von Admiral Villeneuve. 20 000 britische Seeleute gegen 30 000 Spanier und Franzosen, 2 312 britische Kanonen standen 2 854 französisch-spanischen Geschützen gegenüber. Weit über 5 000 Seeleute starben. Ein Teil von ihnen im Gefecht, viele aber auch erst auf den beschädigten, manövrierunfähigen Schiffen, die unmittelbar nach der Schlacht in einem gewaltigen Unwetter sanken. Mit dem Sieg der Engländer gingen Napoleons Invasionspläne gegen Großbritannien endgültig den Bach hinunter.

»Pueblos blancos« – weiße Dörfer

Unser Aufenthalt am Cabo de Trafalgar ist ungleich friedlicher. An Palmen und Kakteen vorbei, mit einer fantastischen Aussicht auf das ruhig daliegende Meer rollen wir auf einer teilweise versandeten Piste in Richtung Leuchtturm. Windgeschützt zwischen den Sanddünen gönnen wir uns ein erholsames Picknick, an dem auch einige Möwen teilhaben. Geschickt fangen die Vögel hochgeworfene Baguettestückchen auf und beweisen sich dabei als echte Luftakrobaten. Auf dem Rückweg zu unserem schön gelegenen Campingplatz machen wir noch einen Abstecher nach Los Caños de Meca. Wie ausgestorben wirkt der breite, saubere Sandstrand jetzt im Herbst, nur ein paar schneeweiße Holzboote unterbrechen die endlos wirkende Sandfläche.

»Pueblos blancos« – weiße Dörfer, wie ein Vogelnest an einem Berghang oder eingeschlossen zwischen steilen Wänden in der Talmulde liegen die kleinen Siedlungen im gebirgigen Süden Andalusiens. Die regelmäßig weiß gekalkten Fassaden leuchten hell zwischen dem Grün der Macchia und der umlie-

24

genden Wälder. Wir sind unterwegs am Rand der Sierra Bermeja, dem Bergzug oberhalb Esteponas. Heute Morgen sind wir vorbei an Algeciras, den mächtigen Felsen Gibraltar im Augenwinkel, zügig über die Küstenstraße bis San Luis de Sabinillas gekommen und dort auf die A 377 in das Hinterland abgebogen. Schnell klettert die Strecke von Meereshöhe bis auf die rund 1000 Meter hohen Berge. Dass das nicht ohne die heiß ersehnten Kurven und Kehren geht, ist klar. Wir genießen jede einzelne Richtungsänderung, umrunden Felsnasen und tiefe Schluchten. In der Ferne leuchten die »pueblos blancos«. Unser erstes Ziel ist Casares. Noch vor dem Ort bleiben wir stehen und werfen einen Blick auf das tolle Panorama. Rote Ziegeldächer auf blütenweißen Mauern, unterbrochen von schmalen Balkonen und kleinen Fenstern, schmale und verwinkelte Gassen führen durch das labyrinthähnliche Gewirr. Mit der BMW erkunden wir anschließend das Dorf, fahren kleine schmale Anstiege hinauf, durch noch kleinere Durchlässe wieder

hinunter. Der eine oder andere Weg entpuppt sich am Ende als Sackgasse, und einmal fahren wir sogar einige Stufen herunter. Bevor wir das auf höchstpersönlichen Befehl Julius Caesars gegründete Dorf und seine 3 660 Einwohner wieder verlassen, versorgen wir uns in der Panaderia mit knackfrischem Brot, nebenan im klitzekleinen Tante-Emma-Laden mit Schafkäse aus der Region.

Faszinierendes Sightseeing in Ronda
Weiter geht es durch die Berge, fast haben wir die Achterbahn für uns. Auf den Höhenzügen bietet sich ein fantastischer Ausblick in die Region, zahlreiche Berggipfel, manche kahl, manche spärlich bewachsen, dazwischen dichter bewaldete Täler. Rechts und links der Straße leuchten frisch geschälte Korkeichen in sattem Rotbraun. Wir passieren Algatocin mit seinen römischen Ruinen, Benalalid mit der ältesten Burg der Region und Jimera de Libar und sein römisch-maurisches Kastell. Jedes dieser weißen Dörfer strahlt heller als das

Spannende Ausblicke und viel Fahrspaß garantieren die Bergstrecken rund um Montejaque.

TAPAS – NICHT NUR FÜR ZWISCHENDURCH

Was gibt es Schöneres, als mit Freunden und Bekannten bei einem kleinen Appetithappen das eine oder andere Glas Wein oder Bier zu trinken. In Spanien hat sich diese Sitte kultiviert. In den typischen Tapa-Bars steht eine große Auswahl an Tapas bereit. Oft im Getränkepreis eingeschlossen dienen die leckeren Köstlichkeiten als Vorfreude auf das späte Abendessen oder sogar als Hauptmahlzeit. Tapas, das können einfach Oliven sein, marinierte Paprikaschoten, Käse- oder Schinkenhäppchen, Pilze oder Datteln im Speckmantel. Der Fantasie ist bei den mundgerechten Happen keine Grenze gesetzt. Um die Entstehung rankt sich die Legende, dass früher eine Scheibe Brot auf das Sherry-Glas gelegt wurde, um das Aroma zu bewahren und Fliegen vom Sherry abzuhalten. Das Wort »tapar« bedeutet »zudecken«, daraus entwickelte sich die Bezeichnung Tapas.

Für Smalltalk am Wegesrand findet sich immer eine Gelegenheit.

andere. Oberhalb des Rio Guadiaro steuern wir in Richtung Montejaque. Der kleine 1000-Einwohner-Ort liegt gut geschützt zwischen hohen Bergen, die nicht nur für Wanderer, sondern besonders für Höhlenforscher interes-

sant sind. Mehrere Höhlen liegen in der Umgebung, eine der bekanntesten ist El Hundidero, durch die teilweise ein Fluss fließt. Erkunden und begehen sollte man die teilweise recht tiefen Gänge allerdings nur in fachkundiger Begleitung. Weiter geht es über die wild gewundene Panoramastrecke bis zur A 376. Hier ist es erst mal vorbei mit den engen Kehren, die Straße wird ein gutes Stück breiter, die

Kurven länger. Hier ist dann auch schon mal nach langer Abstinenz der sechste Gang gefragt. Auch hier locken wieder Kurven und spannende Aussichten, aber bis Ronda geht es deutlich hurtiger zur Sache. Einst nur ein kleines keltisches Dorf, zählt die Hauptstadt der Serranía de Ronda heute immerhin gut 35 000 Einwohner. Der größte Teil der Einwohner lebt im neueren Teil der Stadt, im El Mercadillo. Die Altstadt La Ciudad ist davon durch eine schwindelerregend hohe Brücke aus dem 18. Jahrhundert getrennt. Die Aussicht von der Puente Nuevo begeistert uns. Über der schmalen, gut 100 Meter tiefen Schlucht mit ihren kakteenbewachsenen steilen Wänden fällt der Blick hinaus in das umgebende Land. Berge, Felder, Olivenbäume, so weit das Auge reicht. Unter der Brücke fließt der Rio Guadalevín hin-

In Andalusiens Süden geht die Sonne nicht einfach nur so unter.

Der Balkon unterhalb der Burg von Arcos de la Frontera glänzt mit grandiosem Weitblick.

durch. Wir können kaum glauben, dass diese tief eingeschnittene Schlucht das Werk dieses friedlich dahinplätschernden Baches ist. Aber noch ein für Spanien ungemein wichtiges Bauwerk liegt in Ronda, die älteste Stierkampfarena des Landes. Sechs Jahre dauerte der Bau der Plaza de toros, 1785 wurde sie mit dem ersten Stierkampf zwischen den neoklassizistischen Mauern und Rängen eröffnet. Alle Sitzplätze sind überdacht, die Zuschauer sitzen in zwei Etagen zwischen 136 toskanischen Säulen. Schöpfer dieses beeindruckenden Bauwerkes war der berühmte Architekt Martin de Aldehuela, der geniale Geist konstruierte auch Rondas Puente Nuevo. So viel Sight seeing macht mächtig hungrig. Im gemütlichen Restaurante Quino in der Calle Nueva gönnen wir uns tortilla de camarones, leckere Tortillas mit Krabben. Ronda gefällt uns so gut, dass wir kurzentschlossen noch einen weiteren Tag

hier bleiben wollen. Auf dem ansprechenden Campingplatz sind wir schnell untergekommen. Überhaupt ist das Angebot an Übernachtungsmöglichkeiten in Ronda sehr groß. In der Stierkampfarena lockt uns das Museo Taurino, in dem sich alles rund um den Stierkampf dreht. Die arabischen Bäder und die Kirchen reizen uns ebenso wie der Palast im Mudéjarstil, der Palacio de Mondragón aus dem 15. Jahrhundert.

Carpe Diem im Süden

Aus den zweien werden sogar drei Tage, bevor wir mit Sack und Pack weiter durch das südliche Andalusien unterwegs sind. Früh am Morgen verlassen wir Ronda auf der breiten A 376, aber nur um nach wenigen Kilometern auf die kleine parallel verlaufende Landstraße abzubiegen, die mehr Kurvenspaß und Spannung bietet. Schon von weitem fällt uns der Embalse de Zahara ins Auge, der sich in kräftigem, leuchtendem Blau von der grünbraunen Landschaft abhebt. Der große Stausee am Rand der Sierra Margarita ist ein beliebtes Wassersport- und Wanderziel. Schon am Vormittag sind die ersten Wanderer in den herbstlichen Sonnenstrahlen rund um den See unterwegs. Weit draußen zieht ein Kanadier seine gleichmäßige Linie durch das Wasser. Richtig ruhig und Idyllisch wirkt es hier unten am See. Auf der steilen Straße fahren wir hoch nach Zahara de la Sierra. Der kleine Ort schmiegt sich an die Flanke des mächtigen Hügels, auf dessen Spitze das maurische Kastell thront. Wir rollen durch die kleinen Gassen, auf denen jede Menge Menschen unterwegs sind. Alte Mütterchen mit kleinen Einkaufswagen auf dem Weg in den Dorfladen, Touristen mit dicken Wanderstiefeln, bepackt mit schweren Rucksäcken, der Briefträger, der locker und gelassen Post in Türschlitze steckt, bei denen wir kaum glauben können, dass dahinter überhaupt noch jemand wohnt. Auf dem großen Dorfplatz vor der Kirche stellen wir die GS ab, setzen uns vor einer Bar auf die wackeligen Stühle in die Sonne und lassen das Treiben bei einem starken Kaffee auf uns wirken. So muss es sein, das ist genau die Atmosphäre, die uns regelmäßig den weiten Weg in den Süden fahren lässt. Fernab jeglichen Alltags in aller Seelenruhe einfach nur das Leben genießen.

Irgendwann sind die Tassen leer, die Straße ruft. Wir fahren einfach drauflos, Richtung Süden, grob orientiert an der Sonne. Auf der aussichtsreichen, sich wild durch die Landschaft windenden Straße passieren wir in 1 157 Meter Höhe den Puerto de las Palomas. Durch dichte Wälder führt die Strecke ins Tal, um gleich darauf wieder auf 1 103 Meter anzusteigen und beim Puerto del Boyar den nächsten Bergrücken zu überwinden. Aussichten und Pässe sammeln wir hier wie manch anderer Briefmarken. Vorbei an glitzernden Stauseen, über alte Brücken und durch kleine, fast ausgestorbene Weiler düsen wir durch die malerische Landschaft, folgen den Schildern nach Arcos de la Frontera. »Arx Arcis«, was etwa so viel wie »hohe Festung« bedeutet, nannten die Römer das weiße Dorf. Welch ein passender Name, schon aus der Ferne sehen

wir die mächtige, alles überragende Burg, in deren Schatten sich die strahlend weißen Häuser ducken. Auf der langen geraden A 372 nähern wir uns dem Ort, dessen Silhouette auf dem Rücken des größten Berges weit und breit mit jedem weiteren Meter vor uns in den Himmel wächst. Auch Arcos de la Frontera ist reich an Kulturschätzen. Unser erster Besuch gilt aber dem Plaza de Cabildo. An den mit Orangenbäumen umsäumten Platz grenzen nicht nur das Touristenbüro, das Rathaus und die Burg, sondern auch die Kirche Santa Maria mit ihrer ansprechenden Fassade und den Wandmalereien aus dem 14. Jahrhundert. Besonders gespannt sind wir aber auf die Aussichtsterrasse.

Grandiose Ausblicke

Und tatsächlich, der Blick über das Geländer des großen Balkons ist fantastisch. Über die tief unter uns liegende Schlucht des Rio Guadelete hinweg blicken wir viele, viele Kilometer weit in die Richtung, aus der wir kamen. Grünes Land, dazwischen braune quadratische Felder, bewachsen mit geometrisch genau ausgerichteten Olivenbäumen. Sanft ansteigende Hügel, dahinter immer höhere Berge. Ab und an donnert ein altersschwacher Lastwagen über die Landstraßen, einige Trecker rumpeln über die Felder, gefolgt von einer

Weiße Stadt: Casares trägt den Beinamen »pueblo blanco« nicht umsonst.

hungrigen Schar Vögel. Auch wenn es richtig schwer fällt, den Blick von diesem friedlich daliegenden Land zu lösen, wollen wir noch eine Runde durch den malerischen Ort drehen, die aufwändigen Herrenhäuser und die anderen Kirchen begutachten und ein bisschen durch die engen Gassen rollen.

Am Embalse de Bornos finden wir am Abend einen ruhigen Platz für unsere Nachtruhe. Weit ab jeden Dorfes zelten wir am sandigen Ufer mit einem romantischen Blick auf den Stausee. So komfortabel und angenehm das große Angebot der Campingplätze in Andalusien auch ist, ab und an ist es doch Balsam für unsere Seelen, ganz für uns allein weit draußen in der Natur die Annehmlichkeiten des 1000-Sterne-Hotels zu genießen.

Biken anstatt Sightseeing

Ein ganz anderes Bild als das des beschaulichen Andalusiens bietet uns die Metropole Cádiz am nächsten Tag. 145 000 Einwohner zählt die auf einer felsigen Halbinsel liegende Provinzhauptstadt, uns kommt sie vor wie eine Millionenstadt. Hektischer Autoverkehr auf der langen und breiten Hauptstraße, dichtes Gewusel auf den Bürgersteigen. Zwei Alternativen bieten sich dem motorradfahrenden

Besucher. Einlassen auf die quirlige Stadt mit ihrem Trubel auf den Straßen, das Motorrad irgendwo abstellen und die vielen Plätze, die historischen Gebäude, die traditionellen Viertel zu Fuß erkunden. Oder die Flucht in das Hinterland, in die ruhigen, gemächlichen Regionen Andalusiens. Dort, wo wir eben unserer Leidenschaft, dem Motorradfahren frönen können. Wir entscheiden uns für Letzteres, wohl wissend, was uns in dem 3 000 Jahre alten Cádiz alles entgeht. Aber wir sind zum Touren hier, und so nutzen wir den Rest des Tages, um auf einsamen Nebenstrecken, entlang kleiner Flussläufe und Täler die Provinz Sevilla zu durchqueren. Unser Ziel ist Córdoba, die letzte Station unserer Andalusientour.

Die Mezquita von Córdoba

Ein spanisches Frühstück steht am nächsten Morgen auf der Karte. Tostadas, das sind knusprige, meist noch warme Mais-Tortillas, reichlich mit Olivenöl bestrichen. Aber nicht irgendein Öl, es ist »extra virgin«. Das bedeutet kalt gepresst, ohne jede Zusätze und mit sehr niedrigem Säuregrad, gar nicht zu vergleichen mit dem billigen Öl vom Discounter. Dazu oder darauf ein paar frische Tomatenviertel oder

Eines der schönsten Bauwerke der Welt – die Mezquita von Córdoba.

-scheiben, etwas Salz, fertig. Uns stärkt das leckere und gesunde Frühstück für einen ganz besonderen Besuch, auf den wir uns schon seit langem freuen. Es gibt nicht wenige Menschen, die behaupten, sie sei das schönste Bauwerk der Welt. Das schönste Spaniens ist sie allemal, die Mezquita, die Kathedrale von Córdoba. Von außen eher wie eine Festung gebaut, beinhaltet das riesige, 23 000 Quadratmeter große Gebäude die drittgrößte Moschee der Menschheitsgeschichte.

Im 8. Jahrhundert, im maurischen Spanien, begannen die Arbeiten an der Moschee, die durch die Kalifen und Emire Córdobas regelmäßig erweitert wurde. Mit elf Schiffen und 110 Säulen bestach schon der erste Bauabschnitt durch seine Größe. Seit dem letzten und größten Ausbau als Moschee im Jahr 987 beinhaltet die gigantische Halle 856 große Doppelbogen. Das Baumaterial stammte aus abgerissenen römischen und byzantinischen Bauwerken, zum Beispiel aus dem römischen Amphitheater von Mérida. Der Säulenwald aus blauem, rotem und weißem Marmor schafft ein wirklich einmaliges Raumgefühl.

Heute ist die Mezquita eine katholische Kirche. 1236, nach der Reconquista, der Rückeroberung der muslimischen Reiche durch die Christen, wurde sie zur Kathedrale geweiht. Ab 1523 wurde in ihrer Mitte ein mächtiges Kirchenschiff errichtet, die Arbeiten daran dauerten 234 Jahre. Wir schlendern lange zwischen den Säulen umher und lassen das gewaltige Gebäude auf uns wirken. Die Atmosphäre und das Licht sind ungemein eindrucksvoll, wir fühlen uns wie in einem Palast aus einer der Geschichten aus 1001 Nacht. Einen besseren Ausklang unserer herbstlichen Tour durch das südliche Andalusien hätten wir uns nicht wünschen können.

Der Berg ruft – zwischen Arcos de la Frontera und Puerto de El Boyar.

ALLGEMEINES

Andalusien ist die südlichste der autonomen Regionen Spaniens auf dem Festland und mit 7,5 Millionen Einwohnern die bevölkerungsreichste. Den Großteil des Südens Andalusiens bildet die Provinz Cádiz, deren Fläche sich über etwa 7 500 Quadratkilometer erstreckt. In der Provinz leben etwa 1,14 Millionen Einwohner. Im Hinterland, aber auch an der Küste, gibt es noch sehr urtümliche, einsame Regionen.

KLIMA UND REISEZEIT

Mediterranes Klima mit heißen Sommern und kurzen Wintern überwiegt im Süden Andalusiens. An der Straße von Gibraltar, dem Surfparadies Tarifa, erfrischt der ständige Wind und macht den Sommer erträglich. Reisezeit ist von Januar bis Dezember. Im Winter sollte allerdings ein dicker Pullover für die Touren oberhalb tausend Höhenmetern im Gepäck sein.

MOTORRADFAHREN

Die Region ist das Paradies für Motorradfahrer par excellence. Fantastische, aussichtsreiche Küstenstraßen locken entlang der Atlantikküste. Der Parque Natural de los Alcornocales und die Sierra Margarita bieten Kurvenspaß auf griffigem Asphalt ohne Ende. Zwischen den Stauseen Embalse de Guadalcacín und Embalse de Barbate gibt es jede Menge Schotterpisten für Endurofahrer.

SEHENSWERTES

Tarifa ist eine Reise wert, die Atmosphäre am Scheidepunkt zweier Meere und zweier Kontinente ist einmalig, die Sandstrände scheinen unendlich. Die wie Adlerhorste in den Bergen liegenden weißen Dörfer begeistern immer wieder. Das geschichtsträchtige Ronda darf ebenso wie das historisch bedeutsame Cabo de Trafalgar nicht in der Reiseplanung fehlen. Auf unserer Tour haben wir wie beschrieben Córdoba mit eingeschlossen. Wenn machbar, sollte man die Stadt auf keinen Fall verpassen.

ESSEN UND TRINKEN

Neben dem Gazpacho, einer kalten Suppe aus Tomaten, Paprika, Gurken, Brot und Knoblauch, werden im Hinterland leckere Gerichte mit Wild- und Schweinefleisch angeboten. An der Küste dominieren frischer Seefisch und Schalentiere. Besonders die fangfrischen Sardellen, auf Spießen über Olivenholz gegrillt, schmecken köstlich. Der Weinbau prägt die Region seit Jahrhunderten. Aus Jerez de la Frontera stammt der weltweit bekannte Sherry. Die Nachbarprovinz Málaga bringt hervorragende Weine hervor.

UNTERKUNFT

Entlang der Costa de la Luz gibt es ein sehr großes Angebot an komfortablen und sehr schön gelegenen Campingplätzen, welche das ganze Jahr über geöffnet sind. Auch im Inland liegen angenehme Anlagen, häufig werden sie jedoch nur saisonal betrieben. In Andalusien findet sich ein immer größeres Angebot beim »Turismo Rural«. Ländliche, familiär geführte Pensionen und Hotels, restaurierte Dorf- und Landhäuser abseits der touristischen Hochburgen bieten eine angenehme, erholsame Unterkunft. Natürlich existiert auch in Andalusien eine breit gefächerte Auswahl an Hostals und Hotels der verschiedenen Preiskategorien. Im Sommer kann es an der Küste knapp werden, die regionalen und örtlichen Tourismusbüros helfen gerne weiter.

KARTEN

Für Planung und Anreise hat sich die Michelin-Karte Spanien, Portugal im Maßstab 1:1000 000, ISBN 2-06-710472-1, hervorragend bewährt. Für Andalusien empfiehlt sich Michelin, Andalusien, 1:400 000, mit touristischen Hinweisen und Stadtplänen von Sevilla, Malaga und Granada, ISBN 2-06-100914-X.

ADRESSEN UND INTERNET

Informationen und Auskünfte über Land und Leute gibt es auf der Seite www.andalusien-web.com und auf der offiziellen Seite der Turismo Andaluz www.andalucia.org.
Allerlei Wissenswertes findet sich auch bei www.zarzuelo.de, ebenso beim spanischen Tourismusinstitut www.spain.info. Für telefonische und schriftliche Anfragen:
Spanisches Fremdenverkehrsamt, Kurfürstendamm 63,
10707 Berlin,
Tel. 030/882 65 43.

In der Sherry-Stadt Jerez befindet sich auch die königlich-andalusische Reitschule.

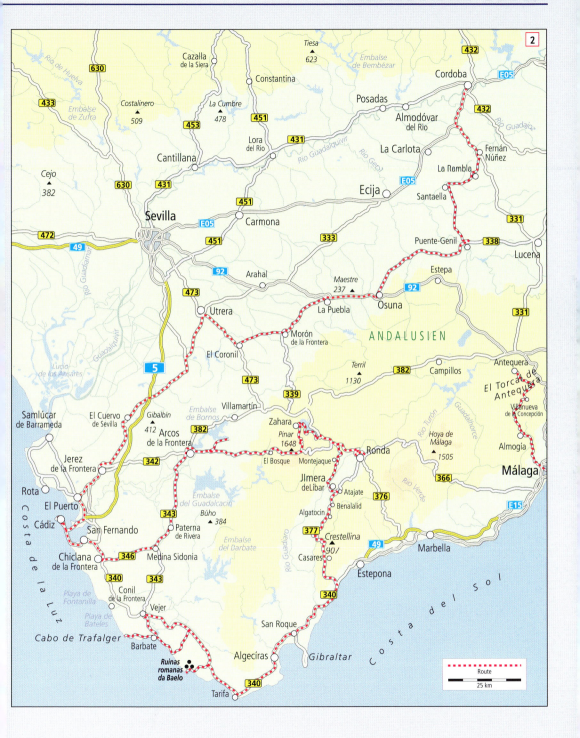

Wüste, Meer & Bergpässe

Schotter in der Wüste oder Kurventräume aus Asphalt – Andalusiens Osten ist ein Eldorado für jeden Biker.

Kakteen, Kakteen, Kakteen, so weit wir gucken können, nichts als grüne Kakteen, dazwischen hellbrauner, steiniger Boden, am Horizont das tiefblaue Meer. Wir sind unterwegs auf der staubtrockenen Schotterpiste an der Küste zwischen San José und dem Cabo de Gata. Eine große Staubwolke im Schlepp düsen wir zwischen den riesigen Kakteenfeldern und hohen Sanddünen hindurch, vorbei an einsamen goldgelben Stränden. Hier, ganz im Südosten der Iberischen Halbinsel, sind im Winter außer uns nur wenige Menschen unterwegs. Also brauche ich keine Angst haben, irgendjemanden einzustauben, und drehe auf den langen geraden Stücken ordentlich am Gasgriff.

Mit mächtig Dampf fliegen die beste Sozia und ich auf unserer GS über den losen Untergrund. Es ist immer wieder erstaunlich, wie stabil die schwere Fuhre dabei bleibt. Gut ist auch, dass die ganze Strecke eine Sackgasse ist. So müssen wir keine Angst haben, einen der fantastischen Ausblicke entlang der Küste

zu verpassen, auf dem Rückweg bleibt dafür noch Zeit genug.

Vor ein paar Tagen sind wir bei winterlichem Schmuddelwetter zu Hause aufgebrochen. Mit dem Wohnmobil und der BMW auf dem Anhänger haben wir die 2 000 Kilometer lange Anfahrt nach Andalusien gemütlich angehen lassen. Der größte Teil der Strecke führte entlang der Mittelmeerküste und immer, wenn uns danach war, verließen wir die Autobahn und erreichten für eine erholsame Pause schnell die Küste. Für Unterhaltung unterwegs sorgte der gleichzeitige Start der Rallye Barcelona–Dakar. Die bunten Renner überholten uns alle auf ihrer Etappe in Richtung Afrikafähre. Unzählige Fans jubelten ihnen vom Rand der Autobahn und an den Mautstellen und Rastplätzen zu. Je weiter wir uns der Südküste Spaniens näherten, umso mehr stiegen Temperatur und Laune. Vorläufiges Ziel unserer Anreise in die Wintersonne war der idyllisch direkt an der Costa de Almería gelegene Campingplatz von Las Negras. Und

Vorangehende Doppelseite: Slalom zwischen Agaven. Bei Las Negras im äußersten Südosten.

Je später der Abend, desto schöner das Licht – die Festung bei Los Escullos.

eben dort brachen wir heute Morgen zu den Traumstränden am Cabo de Gata auf.

Irgendwo an einem der vielen kleinen lauschigen Sandstrände stellen wir unsere GS ab. Bepackt mit allem, was zu einem ordentlichen Picknick gehört, schmeißen wir uns in den weichen Sand. So haben wir uns das erhofft. Während zu Hause nur Schnee und Graupel aus dunklen Wolken fallen, schaut hier die Sonne vom Himmel herunter. Wir schlendern am Wasser entlang, sammeln Muscheln, einfach perfekt. Am Nachmittag schwingen wir uns wieder auf die GS, fahren zurück auf der Piste bis San José. An der Strandpromenade des kleinen ehemaligen Fischerdorfes lassen wir uns auf bequeme Stühle fallen und gönnen uns einen starken spanischen Kaffee, in dem jeder Löffel senkrecht stehen bleibt.

In der untergehenden Sonne kurven wir über die gewundenen Straßen weiter nach Los Escullos. Ein holpriger Weg entlang der Küste ruft nach unserer Enduro, an seinem Ende entdecken wir zur Belohnung eine alte Festung. Angler stehen dort im Licht der Abendsonne neben alten Fischerhütten und hoffen auf einen fetten Fang, welch eine malerische Kulisse.

Geschwindigkeitsrausch mit Küstenpanorama

Auch am nächsten Morgen sind wir wieder entlang der Küste unterwegs. Über Fernan Perez halten wir uns in nördlicher Richtung. Die gut asphaltierten Straßen sind griffig ohne Ende. Man könnte meinen, die Straßenbauer fahren auch alle Motorrad. Ohne ersichtlichen Grund schlängelt sich die Fahrbahn wie wild durch die Landschaft. Es macht Heidenspaß, zügig zu zweit durch die Landschaft zu fliegen. Große Kakteen, dichte Macchia, hohe Agaven huschen an uns vorbei. Wir schmeißen uns von einer in die andere Kurve, durchschneiden noch die letzten kleinen Nebelbänke, die gerade in den wärmenden Sonnenstrahlen ihr Leben aushauchen. Tausende Spinnennetze glitzern im Sonnenlicht. Bei Agua Amarga gehe ich wieder vom Gas, rolle langsam durch den Ort. Fast wie ausgestorben wirkt das kleine Küstenstädtchen. Wo im Sommer Touristen flanieren, sind jetzt nur wenige Einhei-

mische unterwegs. Willkommene Abwechslung bieten wir einem der vielen herrenlosen Hunde am Ortsrand. Wild kläffend, mit gefletschten Zähnen versucht er uns den Weg abzuschneiden. Einen Gang runter, kräftig Gas, ich rausche knapp an ihm vorbei. Das war nicht unsere erste Begegnung mit hysterischen Vierbeinern in Spanien, aber bisher haben wir sie noch immer abgehängt. So ganz will ich nicht glauben, das bellende Hunde nicht beißen. Zumindest nicht diese übergeschnappten Kläffer.

Gleich hinter Agua Amarga steigt die Küstenstraße steil an. Ein fantastisches Panorama bietet sich uns. Karge, braune Berge, denen

Zwischen San José und dem Cab... Gata... ...ern.

Hier schoss schon Clint Eastwood – Westernkulisse in der Desierto de Tabernas.

und Gemäuer flimmern in der Sonne. Wir klettern neugierig in den Felsen und Ruinen herum, genießen die tolle Aussicht auf das weit unter uns liegende Agua Amarga. Kaum haben wir auf der Küstenstraße das weitläufige Naturschutzgebiet rund um die Region des Cabo de Gata hinter uns gelassen, stoßen wir auf die ersten Bausünden. Über viele Kilometer fahren wir entlang mehrstöckiger Wohnburgen, riesiger Baustellen und protziger Villen. Welch ein Kontrast zu den einsamen und beeindruckenden Landschaften, die wir bisher von Andalusien sahen. Als wir dann

das tiefblaue Meer, bedeckt mit kleinen Schaumkronen, zu Füßen liegt. Eingekeilt zwischen den mächtigen Hügeln liegen schnee weiße Dörfer, auf den Kuppen bröckelnde Ruinen. Eine dieser Ruinen macht uns im Vorbeifahren neugierig. Wir wenden, rollen zurück, biegen in einen Feldweg ab und bleiben zwischen alten Mauern an einem großen Schild stehen. Alte, verfallene Minenanlagen liegen hier, klärt uns das Schild auf. Rampen führen noch hinunter bis an den ruinösen Hafen, wo bis in die vierziger Jahre noch Erzfrachter anlegten. Verfallene Hütten, Türme

FLAMENCO – LIEDER UND TÄNZE AUS ANDALUSIEN

Aus Andalusien stammen die weltberühmten Lieder und Tänze des Flamenco. Es wird vermutet, dass die Rhythmen aus der Musik der Gitanos, der Zigeuner Spaniens, hervorgegangen sind. Im Flamenco spiegelt sich das Schwermütige und das Leid der Verfolgten wider. Neue Einflüsse, besonders arabisch klingende, kamen im Lauf der Jahre hinzu. Die Flamencoschulen in Sevilla und Cádiz haben wesentlich zur Weiterentwicklung der Musik und des Tanzes beigetragen. Die Schulen bieten mehrtägige Flamencokurse an. Informationen dazu erhält man vom spanischen Fremdenverkehrsamt.

auch noch mit dem Motorrad zwischen all den Menschen stecken bleiben, die zwischen dem Busparkplatz und dem Zentrum von Mojácar pendeln, drehen wir in Richtung Süden ab und sind innerhalb weniger Minuten wieder in der weiten Landschaft des Parque Natural verschwunden.

Zur Wüste Sierra de los Filabres

Noch viel einsamer wird es am nächsten Tag. Unser Ziel ist die Sierra de los Filabres mit der Desierto de Tabernas, der einzigen Wüste auf dem europäischen Kontinent. Dank 3 000 Son-

nenstunden im Jahr und extrem geringen Niederschlagsmengen entstand hier eine faszinierende Hügellandschaft. Erodierte, rotbraune Berge, teils karg, teils bedeckt mit braungrünem niedrigem Buschwerk, dazwischen steinige Wadis und vertrocknete Bäume an felsigen Hängen. Fast surrealistisch wirkt diese Landschaft. Sergio Leone schuf hier 1964 ein damals völlig neues Filmgenre, den Italo-Western. Das mexikanische Dorf San Miguel, durch das Clint Eastwood »Für eine Handvoll Dollar« ritt, lag in Wirklichkeit mitten in der Wüste bei Tabernas. Auch in dem von Leone

Durchblick: Die alten Ruinen bei Agua Amarga bieten ungewohnte Perspektiven.

BMW wassergekühlt – Badespaß auf den Pisten bei Antequera.

vier Jahre später gedrehten monumentalen Westernepos »Spiel mir das Lied vom Tod« ritten Charles Bronson und Henry Fonda in einigen Szenen durch den spanischen Staub. Heute, fast vierzig Jahre später, stehen verschiedene Filmkulissen immer noch zu Füßen der Sierra de los Filabres. Während die Anlage Mini Hollywood inzwischen eher einem normalen Vergnügungspark gleicht, hat sich Texas Hollywood, wenige Kilometer weiter, durchaus noch etwas von der alten Ausstrahlung bewahrt. Wir schlendern zwischen den alten Lehm- und Holzbauten hindurch und wären nicht wirklich überrascht, wenn plötzlich der unrasierte Clint Eastwood vor uns stünde. Für richtige Western- und Pferdeenthusiasten bietet das Team von Texas Hollywood ein echtes Abenteuer. Auf dem Rücken erfahrener Pferde geht es vier Tage lang durch die Berge der Desierto und entlang des Meeres. Übernachtet wird im Hotel, aber auch stilecht in Zelten, dazu wird am Lagerfeuer gegrillt.

Den Ritt auf unserer GS genießend, düsen wir weiter durch die spannende Region, passieren den rund 1250 Meter hohen Pass Collado Garcia. Wie mit dem Brotmesser aufgeschnitten sehen einige der Berge ringsum aus. Hier werden riesige Marmorblöcke gebrochen. Über den Bergrücken der Sierra de los Filabres halten wir uns wieder in südlicher Richtung, machen einen kurzen Stopp in Nijar. Bunte Teppiche und Decken hängen rechts und links der vielen Läden entlang der Hauptstraße. Töpferwaren und Webstoffe werden rund um Nijar traditionell handwerklich gefertigt, Formen und Farben orientieren sich an historischen Vorlagen. Zurück an der Küste folgen wir kurz vor Las Negras einer kleinen Nebenstrecke, die wir auf unserer Karte gar nicht entdecken können. Ein Schild, dass dieser Weg besonders fotogen sein solle, zieht uns magisch an. Und tatsächlich ist dieses Stück Weg, das später auf die Hauptstraße zurückführt, ein Gedicht. Wild schlängelt sich das

schmale Asphaltband, gespickt mit fetten Schlaglöchern, durch die Hügel. Kakteen und Agaven strecken ihre Arme fast bis auf die Straße. Es riecht intensiv nach Staub und Macchia, in der Luft schweben majestätisch einige Raubvögel. Ich werde immer langsamer, um nur ja nichts von der fantastischen Aussicht in die umliegenden Berge zu verpassen.

Zum Parc Natural el Torcal de Antequera und weiter nach Antequera

Wir wechseln unser Basislager. Ein wenig tut es uns ja Leid, den reizvollen Campingplatz von Las Negras zu verlassen, aber wir wollen noch mehr sehen vom östlichen Teil Andalusiens. Die BMW steht ruckzuck auf dem Anhänger, und wir sind entlang der Küstenstraße unterwegs in die kleinste der acht Provinzen Andalusiens, nach Málaga. Auch auf vier Rädern hat die Küstenstraße ihren Reiz. Adra, Salobreña, reizvolle Dörfer liegen an der aussichtsreichen Strecke. Zum perfekten Genuss fehlen uns

aber doch Fahrtwind und Schräglagen. Ganz anders als hinter schützenden Glasscheiben sind die Eindrücke auf zwei Rädern, viel unmittelbarer, viel intensiver. Als wir am Nachmittag bei Torre del Mar einen Campingplatz bezogen haben, können wir gar nicht anders, als uns schnell noch mal auf die Kuh zu schwingen und einige kurvenreiche Kilometer des bergigen Hinterlandes unter die Reifen zu nehmen.

Uns steht der Sinn nach genussvollen Touren. Das hektische Málaga mit seinen über 500 000 Einwohnern lassen wir am Morgen ebenso hinter uns wie die mit Hotels stark bebaute Küste rechts und links der zweitgrößten Stadt Andalusiens. Schon wenige Kilometer hinter den letzten Häusern steigen die Montes de Málaga bis über 1 000 Meter steil empor. Vorbei an dem schneeweißen Bergdorf Almogia und dem kleinen Nest Villanueva de la Concepción folgen wir den Schildern nach Antequera. Bevor wir aber die sympathische

Mit fantastischen Panoramen wartet die Küstenstraße bei Adra auf.

41

Traumhafte Gipfel-touren im Parque Natural el Torcal de Antequera.

Stadt mit ihrer arabischen Burg erkunden, steht uns noch ein weiterer Höhepunkt in Spaniens Süden bevor. Schon die Fahrt auf der C 3310 ist eine Wonne. Immer höher hebt sich die kurvenreiche Straße, durchbricht irgendwann die morgendlichen Nebelwolken. Links von uns glühen die fast 1 400 Meter hohen Felsen der Sierra de Chimenea im klaren Licht der frühen Sonne, auf der rechten Seite liegen schneeweiße Wolken unter uns, ein Anblick, mindestens so schön wie aus dem Flugzeug. Wenige Kilometer nach Villanueva de la Concepción winkt am linken Fahrbahnrand eine rotweiße Schranke, sie ist offen. »Parc Natural el Torcal de Antequera« steht auf dem Schild

daneben. Neugierig biegen wir ab und folgen der weiter ansteigenden Straße. Begeistert bleiben wir immer wieder stehen, das Panorama ist fantastisch. Mächtige graue Felsblöcke säumen unseren Weg, in der völligen Stille kreisen riesige Greifvögel über unseren Köpfen. Immer weiter tauchen wir in den Felsengarten ein. Immer skurriler werden die Formen des erodierten Gesteins. Einen Stapel Pfannkuchen, eine Schildkröte, Kreisel und Bögen meinen wir zu erkennen. Als wir durch einen tiefen Einschnitt fahren, fällt mir eine Bewegung zwischen den Felsen auf. Heftig ziehe ich an der Bremse. Kiki erschreckt sich, im gleichen Moment erkennt sie die Tiere als

Letzte Station unserer Winterfluchttour in die östliche Hälfte Andalusiens ist das schöne Städtchen Antequera. Viele Menschen sind hier auf den Beinen, dennoch strahlt der Ort eine ruhige und angenehme Atmosphäre aus. Im Zentrum stellen wir unsere GS ab, laufen zu Fuß ein wenig durch die Gassen, zwischen Schaufenstern und engen Mauern hindurch, setzen uns auf einer bequemen Bank in die Sonne und erfrischen uns mit einem Eis. Die anschließende Stadtrundfahrt mit dem Motorrad hinterlässt bei uns bleibende Eindrücke. Nicht umsonst ist Antequera für seine historischen Funde und Schätze bekannt. Die arabische Burg mit den Resten der einstigen Stadtmauer, das gewaltige Stadttor Puerta del Arco de los Gigantes, die Colegiata de Santa Maria la Mayor, eines der schönsten Renaissance-Bauwerke Andalusiens, sind nur einige der verlockenden Ziele in Antequera. Die rund 4 500 Jahre alte, von Felsblöcken umrahmte Grabkammer Dolmen de Antequera und die einige Kilometer außerhalb liegenden prähistorischen Grabstätten locken ebenso zahlreiche Besucher an wie das Museo Municipal mit seinen bemerkenswerten Funden aus prähistorischer und römischer Zeit.

Noch zwei, drei Tage bleiben wir hier in dieser Region, genießen das winterliche Andalusien bei Sonnenschein und T-Shirt-Wetter, während sich zu Hause die Leute über den eiskalten Regen ärgern. Hier lässt sich perfekt die Ruhe und Erholung tanken, von der wir auch nach dem langen Heimweg noch einige Zeit zehren werden.

Über Antequera thront die alte maurische Festung.

Erste. Eine Gruppe Gämsen kraxelt ganz in der Nähe des Weges in den Felsen herum. An einem Parkplatz endet die Straße. Zwei, drei Autos parken hier. Wanderer, die schon ganz früh am Morgen der ruta verde, dem grünen Weg, folgen wollen. Der gekennzeichnete Wander-Rundweg führt durch die schönsten Ecken und Winkel des 1978 gegründeten Naturparks, durch die artenreiche Flora und Fauna des Felsenlabyrinths. Aber Vorsicht, nicht alle Tiere sind so putzig wie die Gämsen. Unter dem interessanten Stein, den der ahnungslose Wanderer aufhebt, könnte sich schon mal eine giftige Viper oder ein Skorpion zur Ruhe gelegt haben.

ALLGEMEINES

Andalusien ist die südlichste der autonomen Regionen Spaniens auf dem Festland und mit 7,5 Millionen Einwohnern die bevölkerungsreichste. Eingeschlossen zwischen der Sierra Morena im Norden und der Sierra Nevada im Süden beherrscht das Becken des Rio Guadalquivir den östlichen Teil Andalusiens.

In der Sierra Nevada liegt auch der Mulhacén, mit 3 481 Metern der höchste Berg der Iberischen Halbinsel.

KLIMA UND REISEZEIT

In Andalusien herrscht überwiegend mediterranes Klima, das bedeutet heiße Sommer und kurze Winter. Niederschläge sind selten, der Sommer praktisch regenfrei. Im Osten Andalusiens ist das ganze Jahr über Motorradsaison. In den Bergen ist es im Winter natürlich recht frisch, die Costa del Sol bietet sich aber zur Winterflucht geradezu an. Im Juli und im August kann es unerträglich heiß werden.

MOTORRADFAHREN

Andalusiens Osten ist ein Eldorado für Motorradfahrer. Traumhafte Küstenstraßen mit fantastischen Ausblicken auf das Mittelmeer, spannende Wüstentouren rund um Tabernas und kurvenreiche Bergpässe in der Sierra Nevada wechseln sich ab. Für reisende Tourer, rasende Sportler und engagierte Enduristi bieten sich die unterschiedlichsten Fahrbahnbeläge an. Hier kommt jeder auf seine Kosten.

SEHENSWERTES

Eine Region, gespickt mit Höhepunkten. Abgesehen von den beschriebenen landschaftlichen Highlights sind die großen Städte Málaga und Granada eine eigene Reise wert. Aber auch Antequera und das abwechslungsreiche Jaén mit seinen altertümlichen Vierteln geizen nicht mit ihren Reizen.

ESSEN UND TRINKEN

Es scheint, die Grundlage der andalusischen Ernährung sind Olivenöl und Knoblauch, fast in jeder Speise finden sie sich wieder. Aus der Sierra Morena stammen leckere Wurstwaren, fast genauso bekannt sind die verschiedenen Käse aus Schaf- und Ziegenmilch. Probieren sollte man auf jeden Fall einmal den Gazpacho,

eine kalte Suppe aus Tomaten, Paprika, Gurken, Brot und Knoblauch. In den Bergen dominiert oft Wild, an der Küste meist frittierter Fisch, pescaíto frito, sowie Sardinen am Spieß und Meeresfrüchte die Speisekarte. Weine aus den Provinzen Málaga und Almería ergänzen das kulinarische Angebot.

UNTERKUNFT

Entlang der Costa del Sol gibt es ein sehr großes Angebot an komfortablen und sehr schön gelegenen Campingplätzen, welche das ganze Jahr über geöffnet sind. Auch im Inland finden sich angenehme Anlagen, häufig werden sie jedoch nur saisonal betrieben. In Andalusien findet sich ein immer größeres Angebot beim »Turismo Rural«. Ländliche, familiär geführte Pensionen und Hotels, restaurierte Dorf- und Landhäuser abseits der touristischen Hochburgen bieten eine angenehme, erholsame Unterkunft. Natürlich existiert auch in Andalusien eine breit gefächerte Auswahl an Hostals und Hotels der verschie-

denen Preiskategorien. Im Sommer kann es an der Küste knapp werden, die regionalen und örtlichen Tourismusbüros helfen gerne weiter.

KARTEN

Für Planung und Anreise hat sich die Michelin-Karte Spanien, Portugal im Maßstab 1:1000 000, ISBN 2-06-710472-1, hervorragend bewährt. Für Andalusien empfiehlt sich Michelin, Andalusien, 1:400 000, mit touristischen Hinweisen und Stadtplänen von Sevilla, Málaga und Granada, ISBN 2-06-100914-X.

ADRESSEN UND INTERNET

Interessante Informationen und Auskünfte über Land und Leute gibt es auf der Seite www.andalusien-web.com. Hintergründiges und Fakten über Spanien bietet www.auswandern.com.
Natürlich werden Andalusieninteressierte auch bei der offiziellen Seite des spanischen Tourismusinstitutes www.spain.info fündig. Für telefonische und schriftliche Anfragen: Spanisches Fremdenverkehrsamt,

Kurfürstendamm 63, 10707 Berlin, Tel. 030/882 65 43.

Wächst hier einfach so: Vitamin C – sauer macht lustig.
Linke Seite: Schöner shoppen – Fleischerei in Solobrena.

Windmühlen, Burgen & Don Quijote

Entdeckertour mitten im Herzen der Iberischen Halbinsel – auf dem Hochplateau Kastiliens

Das Abenteuer lenkt unsere Schritte besser, als wir uns wünschen könnten, denn sieh nur da, mein Freund Sancho Panza, dort warten 30 oder mehr ungeheure Riesen, die ich zur Schlacht herauszufordern gedenke, bis sie alle ihr Leben ausgehaucht haben werden.« Ziemlich genau 400 Jahre ist es her, dass Miguel de Cervantes im spanischen Sevilla in einem Gefängnis sitzend diese Worte seinem »Ritter von der traurigen Gestalt« in den Mund legte. So wie sich der Narr Don Quijote in einem der größten Werke der Weltliteratur in die Weite der Mancha auf Abenteuersuche begab, sind auch wir unterwegs, diesen spannenden Teil Spaniens für uns zu erkunden. Der traurige Held startete jedoch schon geistig umnachtet in seine Unternehmungen und wurde verletzt auf einem Ochsenkarren in sein Heimatdorf zurückgebracht. Geben wir uns also der Hoffnung hin, heil und unversehrt aus dem kastilischen Hochland zurückzukehren.

Vorangehende Doppelseite: Weite Ausblicke ins Land bietet die Burgruine bei La Torresaviñan.

Und dann immer geradeaus – Highway durch die Mancha.

Highway gen Valdepeñas

Aus Richtung Süden erreichen wir die Grenze der autonomen Region Kastilien–La Mancha. Andalusien liegt hinter uns, die letzten bergigen Ausläufer der Sierra Morena haben wir gerade überquert. Vor uns öffnet sich die Meseta, das riesige zentrale Hochplateau im Herzen der Iberischen Halbinsel. Die E 5 führt uns nach Norden. Nur wenige Autofahrer teilen sich die gut ausgebaute Schnellstraße mit uns. Zügig sind wir unterwegs, genießen die schnelle Fahrt durch das flache Land. Selbst jetzt im Winter freuen wir uns in der Sonne über den kühlenden Fahrtwind. Olivenhaine huschen an uns vorbei, eingezäunte endlos scheinende Weiden, auf denen unüberschaubare Herden von Rindern und Schafen herumdösen, wechseln sich mit braunen, gleichmäßig gepflügten Äckern ab. Ab und an über- holen wir einen der schnellen weißen Tieflader, die spanische Produkte aus dem Süden Europas bis in den Norden bringen.

Bei Valdepeñas setzen wir den Blinker und biegen ab in Richtung centro ciudad. Schnell ist es vorbei mit der beschaulichen Ruhe des leeren Highways. Nur 26 000 Einwohner hat die Stadt, aber es scheint, als seien sie alle auf den Beinen. Die lange, durch den Ort führende Hauptstraße mit ihren vielen Geschäften und Bodegas gleicht einem Ameisenhaufen. Alle paar Meter wird ein Lastwagen am Straßenrand entladen. Schulkinder toben lärmend am Straßenrand entlang. Gut gelaunt – der Schultag ist für sie gerade vorbei – winken sie uns zu. Altersschwache Mopeds tuckern mitten auf der Straße. Wir rollen an einer Windmühle vorbei, davor zwei große Stapel Fässer. Valdepeñas, dessen Name nicht umsonst »Tal der Felsen« bedeutet, liegt inmitten des gleichnamigen riesigen Weinanbaugebietes. Schon

Weißgetüncht und wehrhaft – Windmühle in der Mancha.

Weinfässer und Windmühle in Valdepeñas, dem Zentrum der gleichnamigen Weinregion.

bevor die ersten Römer in diese Region kamen, kelterten die Spanier hier ihren Wein. Dabei setzen die Winzer hier in der Provinz Ciudad Real auch heute noch auf Qualität. Wir stellen unsere GS irgendwo am Straßenrand ab und lassen uns ein wenig mittreiben, vorbei an den Schaufenstern der kleinen Läden, an den leckeren Auslagen der Obstgeschäfte und den verlockenden Angeboten der Weinhäuser. Mit Mühe bekommen wir noch eine Flasche Weißwein in unsere Aluboxen, dann geht es weiter Richtung Nordosten, auf den Spuren Don Quijotes.

Windmühlen bei Campo de Criptana

Immer geradeaus führt die Straße durch eine gleichförmige Landschaft, unterbrochen nur von wenigen Schlenkern oder den kleinen überschaubaren Dörfern. Dennoch wird uns die Fahrt nicht langweilig. Hier und da taucht eine Windmühle auf, weißgetüncht, vor nicht langer Zeit renoviert, wenige Kilometer weiter die bröckelnden Reste einer alten Mühlen-

ruine, dem Verfall preisgegeben. Olivenbäume und Rebstöcke fliegen an uns vorbei. Alte Brunnen, seit Jahren ausgetrocknet, liegen zwischen riesigen, steinigen Feldern, über die ein altersschwacher Trecker rumpelt. Auf einem anderen Acker, dessen Grenzen kaum erkennbar sind, gräbt ein Bauer in mühseliger Handarbeit mit der Hacke die Schollen um. Wir fragen uns, wie der Mann jemals mit seiner Arbeit fertig werden will.

Eine gute Stunde düsen wir jetzt seit Valdepeñas durch das flache Land, da sehen wir sie. Auf einer Anhöhe hinter dem Dorf Campo de Criptana haben sie sich versammelt, mit Flügeln bewehrte Riesen, zehn an der Zahl. Bei ihrem Anblick ist es gut nachzuvollziehen, wie sich der tragische Held Don Quijote gefühlt haben mag in seinem Drang, Großes zu tun. Ungeachtet der Zweifel seines Knappen Sancho Panza stürzte sich der traurige Ritter mit seiner Lanze auf die vermeintlichen Gegner, damals sollen es noch 34 gewesen sein. Wie die Geschichte ausging, ist bekannt. Die lange

KÖSTLICHE CHURROS

Überall in Spanien kennt man die leckeren churros. Die Zimtkringel werden in dickflüssige, heiße Schokolade getunkt. In der Churreria gibt es sie fast rund um die Uhr. Die Zutaten: ein Liter Olivenöl, 175 Milliliter Wasser, 100 Gramm Mehl, eine Prise Salz, eine Messerspitze Zimt, Puderzucker, dickflüssige, heiße Schokolade. Die Zubereitung: Wasser mit Salz zum Kochen bringen. Den Topf vom Herd nehmen, Mehl und Zimt einrühren und dann durchkneten. Den Teig eine Viertelstunde ruhen lassen. Das Öl in der Pfanne erhitzen. Jetzt den Teig in einen Spritzbeutel (zur Not einen kleinen Frischhaltebeutel mit Loch) geben und Kringel in das heiße Öl geben. Drei bis vier Minuten frittieren, herausnehmen und auf Zeitungspapier abtropfen lassen. Mit Puderzucker bestreuen und ab in die Schokolade. Guten Appetit!

Lanze verhakte sich in den Windmühlenflügeln, mitsamt seinem Klepper Rosinante beförderten sie den merkwürdigen Kämpfer in hohem Bogen durch die Luft. Uns bleibt dieses gefährliche Schicksal erspart. Die Flügel der Mühlen von Campo Criptana drehen sich schon lange nicht mehr im Wind. Überhaupt stammen nur noch drei der zehn Mühlen tatsächlich aus der Entstehungszeit des historischen Romans. Das ändert aber nichts an der Beliebtheit der Molinos de Don Quijote. Auch wir sind fasziniert. »Toll!«, meint die beste Sozia aller Zeiten wortkarg, aber beeindruckt.

Zu Fuß schlendern wir zwischen den Windmühlen hindurch, genießen die tolle Aussicht auf das umliegende Land, lassen uns auf dem Hügel die Sonne ins Gesicht scheinen. In der Bar, direkt am Ortsrand, gönnen wir uns einen Kaffee. Um diese Jahreszeit sitzen wir ganz alleine auf der Terrasse. Nur wenige Touristen sind jetzt in der Mancha unterwegs. Bis zum Abend bleiben wir noch in Campo de Criptana. Sind wir doch mit dem Ratschlag im Gepäck hierher gekommen, uns auf keinen Fall den Sonnenuntergang zwischen den Molinos

In Toledos Süden – Brücke über den Rio Tajo.

Toledo ist für viele Spanier die schönste Stadt der Iberischen Halbinsel.

entgehen zu lassen. Und tatsächlich, wir haben Glück. Tiefrot leuchtend taucht die Sonne in den schmalen Wolkenstreifen am Horizont ein. Die Silhouetten der Mühlen mit ihren feingliedrigen Flügeln heben sich tiefschwarz vom Hintergrund ab und wirken tatsächlich ein bisschen wie bedrohliche Riesen.

Als es dunkel ist, schwingen wir uns wieder auf unsere BMW. In Campo de Criptana ist uns das Hostal Santa Ana empfohlen worden. Aber die ersten blinkenden Lichter am Himmel laden uns zu einer Nacht im Tausend-Sterne-Hotel ein. An einem der vielen Lagunas, den kleinen heimeligen Seen in der Umgebung, bauen wir ruckzuck unser Zelt im Scheinwerferlicht der GS auf. Ein Pan, das knusprige,

weiße, spanische Brot, Chorizowurst mit mächtigem Peperonianteil und der heute erworbene frische Weißwein stellen das ideale Abendessen in dieser romantischen Atmosphäre dar.

Bezauberndes Toledo
Eine dünne Eisschicht überzieht am nächsten Morgen unser Motorrad. So traumhaft das Wetter meist auch im Winter in der Mancha ist, nachts wird es auf der Hochebene empfindlich kühl. Zügig haben wir gepackt, einen zusätzlichen Pullover aus dem Gepäck gezogen. Mit glühenden Heizgriffen fliegen wir Richtung Toledo. Schnell finden wir in der 70 000-Einwohner-Stadt eine gemütliche Bar

sche Bauwerke. Amphitheater, Aquädukt, die mächtige Kathedrale, die Festung, Kirchen, das maurische Stadttor und nicht zuletzt die gotische Brücke Puente de San Martin mit ihren zwei wehrhaften Türmen ziehen uns in ihren Bann. Am Nachmittag finden wir auf dem komfortablen Campingplatz El Greco, nur wenige Motorrad-Minuten vom Zentrum entfernt, einen schönen Platz. Benannt ist die Anlage nach dem griechischen Maler, der sich 1577 in Toledo niederließ. Als es dunkel wird, fahren wir noch mal los, rollen langsam über die Carretera de Circunvalación. Von der hoch über dem Rio Tajo liegenden Ringstraße haben wir einen fantastischen Blick auf die einmalige Stadt.

Ein ganz anderes Landschaftsbild, als wir es bisher von der Mancha kennen, präsentiert sich uns am nächsten Tag. Auf der gut ausgebauten N 400 überqueren wir den Pass Puerto de Cabrejas und nähern uns Cuenca. Nach der weiten, offenen Landschaft der Meseta mit ihren endlosen schnurgeraden Landstraßen freuen wir uns über die ersten Kurven, die die

Nichts für die breite Schrankwand – schmales Eckhaus in Cuenca.

zum Frühstücken. Natürlich gönnen wir uns zum heißen Kaffee ein paar churros, die leckeren, in Schokolade getunkten Zimtkringel. In vielen Churrerias bekommt man diese spanische Spezialität fast rund um die Uhr. Bald sind wir wieder auf den Beinen. Durch kleine, schmale Gassen erkunden wir die lebendige Stadt. In den Schaufenstern beherrschen Messer, Klingen und Schwerter das Bild. Schon im Mittelalter wusste der Adel die Waffenschmieden in Toledo zu schätzen, und die Klingen aus der Stadt an der Schleife des Rio Tajo waren weit über Spaniens Grenzen hinaus begehrt. Ganz Toledo erscheint uns wie ein großes Freilichtmuseum. Kaum eine andere Stadt Europas bietet so zentral so viele histori-

Mit Blick auf den Rio Júcar – Aussichtspunkt Ventano del Diablo in der Sierra de Valdecabras.

Serranía de Cuenca ankündigen. Cuenca bleibt vorerst rechts liegen, voller Vorfreude auf kernige Kehren fliegen wir entlang der Rio Júcar bergauf. Den ersten Eindruck von der gewaltigen Schlucht, die der emsige Fluss in die Berge der östlichen Mancha gegraben hat, bekommen wir am Ventano del Diablo. Aus einer natürlichen Höhle heraus bietet sich ein großartiger Blick in die Garganta. Tief eingeschnitten fließt der Fluss zwischen hohen Felswänden dahin, gesäumt von dunkelgrüner Macchia und einladenden Wanderwegen. In wildem Zickzack führt die Straße weiter hinauf in die Berge. Hier oben ist es deutlich kühler, an einigen Stellen glitzern tückische Eiskristalle am Fahrbahnrand. La Ciudad Encantada, »die verzauberte Stadt«, verkündet bald eine große Hinweistafel. Tatsächlich, wie eine verzauberte Stadt wirken die Felsformationen, entstanden durch Jahrtausende der Erosion. Abenteuerliche, fast unglaubliche Gebilde sind hier entstanden. El Tormo, der Turm, los Barcos, die

Schiffe, oder el Perro, der Hund, heißen die steinernen natürlichen Kunstwerke. Die ganze Landschaft ist ein felsiger Irrgarten, und zwischen den ganzen Säulen, Pilzen, Blöcken und Stufen hätten wir uns fast verlaufen. Übrigens, inhaltlich nicht unbedingt Oscar-verdächtig, aber landschaftlich durchaus sehenswert ist Arnold Schwarzeneggers Film »Conan, der Barbar«, der zu einem großen Teil in dieser unwirklichen Gegend gedreht wurde.

Spektakuläre Panoramablicke und einsame Picknickplätze

Einen ausgiebigen Gang durch Cuenca gönnen wir uns am nächsten Vormittag. Wir bummeln durch die Gassen, bewundern die Fassaden der alten Häuser und werfen einen Blick in die Kathedrale. Bald machen wir uns auf, folgen der N 320 in Richtung Norden. Wie immer man es einrichtet, diese Strecke muss einfach am Nachmittag gefahren werden. Im Licht der tiefen Sonne erinnert die Strecke an eine Fahrt

durch den Südwesten der USA. In der Ferne rot leuchtende Felsen, Tafelberge, eine wild erodierte Landschaft. Wie ein Schichtkuchen zeigen die Berge, bewachsen mit nur karger Vegetation, ihren Aufbau an den steilen Hängen. Ich schaue mehr rechts und links als auf die Straße. Bei Sacedón erreichen wir das Mar de Castilla. Die beiden Stauseen Embalse de Buendia und Embalse de Entrepeñas, gespeist durch den Rio Tajo, bilden eine riesige Wasserfläche. Fast 50 Kilometer lang und 30 Kilometer von West nach Ost messen die Seen zusammen. Gleich nach dem zweiten Tunnel in Sacedón weist uns ein kleines Hinweisschild nach Alocén den Weg zu einer echten Traumstrecke. Zwischen steilen Felswänden auf der linken und dem fantastischen Blick über das »Kastilische Meer« auf der rechten Seite führt die gewundene schmale Straße oberhalb der Seen entlang. Würden sich Auto und Motorrad auf dieser Strecke begegnen, würde es schon eng. Aber uns begegnet niemand. Die schlag-

lochreiche Piste scheint ein Geheimtipp für panoramabegeisterte Zweiradfahrer zu sein, reich an spektakulären Aussichtspunkten und einsamen Picknickplätzen. Ab und an führen steile geschotterte Wege in die Tiefe. Mit der Enduro lassen sich hier Sandstrände und Ufer erkunden, die schon wochenlang keinen Menschen mehr gesehen haben. Unsere GS erscheint uns dafür dann doch etwas zu schwer, ein gemütliches Picknick an der in der Abendsonne silbern glitzernden Wasserfläche entschädigt dafür aber alle Male. Früh geht die Sonne hinter dem Höhenzug auf der anderen Seite des Embalse unter. Die ersten kleinen Nebelschwaden stehen über dem Wasser. Außer einem gelegentlichen Plätschern und den ersten Rufen eines Käuzchens dringt nichts an unsere Ohren. Ein letztes Mal stellen wir hier in der Mancha, im Land Don Quijotes, unser Zelt auf, bevor wir uns am nächsten Morgen auf die lange Fahrt in Richtung Heimat machen werden.

Geflügelte Riesen – Windmühlen bei Campo de Criptana.

ALLGEMEINES

Die autonome Region Kastilien–La Mancha bildet mit vier weiteren Regionen die zentralspanische Landschaft Kastilien. Rund 22 Einwohner pro Quadratkilometer bedeuten eine sehr geringe Bevölkerungsdichte. Der weitaus größte Teil der Mancha besteht aus einem riesigen Hochplateau. Es gibt jedoch auch einige bergige Gegenden.

KLIMA UND REISEZEIT

Über das Klima in Kastilien–La Mancha lässt sich keine einheitliche Aussage treffen. In den bergigen Zonen herrscht relativ feuchtes Mittelmeerklima vor, in der Meseta, dem zentralen Hochplateau, eher Kontinentalklima. Zum Süden hin jedoch mit deutlich längeren Sommern und milderen Wintern. Im Sommer wird es richtig heiß. Wer bei 35 Grad und darüber nicht mehr so gerne Motorrad fährt, sollte lieber im Frühjahr oder im Herbst in die Mancha reisen. Ganz im Süden lässt es sich auch im Winter gut aushalten, abends und in der Nacht kann es aber empfindlich kühl werden.

MOTORRADFAHREN

Wer ausschließlich auf Kurvenhatz steht, ist im Land Don Quijotes nicht

Die spätgotische Burg bei Belmonte zählt zu den schönsten ihrer Art.

so gut aufgehoben. Das Hochplateau will auf langen geraden, aber dennoch entdeckungsreichen Strecken erfahren werden. Spannende Endurostrecken gibt es rund um das Mar de Castilla. Serpentinensüchtige kommen in der Serranía de Cuenca auf ihre Kosten.

SEHENSWERTES

Neben dem zentralen Hochland mit seinen Windmühlen und den Geschichten um Don Quijote reizen vor allem die monumentalen Städte wie Toledo und Cuenca. Kastiliens Name stammt nicht ohne Grund von den unzähligen Kastellen, Burgen, Türmen und Wehranlagen ab, die überall im Land zu finden sind. Zwischen den alten Mauern, in den Ruinen, den Schauplätzen historischer Kämpfe herrscht eine ganz besondere mystische Atmosphäre.

ESSEN UND TRINKEN

Nicht umsonst hat sich für Kastilien die kulinarische Bezeichnung »zona de los asados« eingeprägt. In dieser »Zone des Bratens« stechen besonders im Tontopf oder Ofen geschmorte Spanferkel, cochinillo, oder Lamm, lechazo, hervor. Auch Bratengerichte aus Rind- und Kalbfleisch stehen ganz oben auf der Speisekarte. Unbedingt probieren sollte man die chorizo, die gut gewürzte Paprikawurst. Valdepeñas, das »Tal der Felsen«, liefert ausgezeichnete Qualitätsweine. Bis vor kurzem wurde der Wein oft noch in den so genannten tinajas, den Tonamphoren mit einem Fassungsvermögen bis zu 15 000 Litern, hergestellt.

UNTERKUNFT

Im Parador de Toledo lässt es sich fürstlich übernachten. Ab 118,- Euro ist dafür der fantastische Blick über das historische Toledo mit eingeschlossen. Wer mit dem Zelt unterwegs ist oder sein Motorrad hinter dem Wohnmobil transportiert, übernachtet in Toledo sehr angenehm auf dem Campingplatz El Greco, wenige Fahrminuten vom Zentrum entfernt.

In der gesamten Mancha existiert eine breite Auswahl an Hotels und Pensionen. Schilder weisen den Weg, die örtlichen Tourismusbüros helfen gerne weiter. Im Sommer kann es in den Städten mit der Suche etwas länger dauern, auf dem Land findet sich stets ein freies Zimmer.

KARTEN

Für Planung und Anreise: Michelin-Karte Spanien, Portugal im Maßstab 1:1000 000, ISBN 2-06-710472-1.

In der Mancha: Michelin, Estremadura, Kastilien–La Mancha, Madrid, 1:400 000, ISBN 2-06-100906-9.

Diese Karte beinhaltet auch Stadtpläne für Madrid, Toledo, Badajoz und Caceres, ein Ortsverzeichnis sowie Entfernungen und Fahrtzeiten.

ADRESSEN UND INTERNET

Tipps, Hinweise und allerlei Wissenswertes bietet die offizielle Seite des spanischen Tourismusinstitutes www.spain.info.

Interessant und zum Stöbern geeignet ist auch die Internetseite www.spanien-abc.com, die Seite bietet auch Informationen über Kastilien hinaus, das Gleiche gilt für www.urlaub.de.

Für telefonische und schriftliche Anfragen: Spanisches Fremdenverkehrsamt, Kurfürstendamm 63 10707 Berlin, Tel. 03 0/8 82 65 43. Mit viel Liebe gemacht ist die private Seite www.frantasia.de.

4

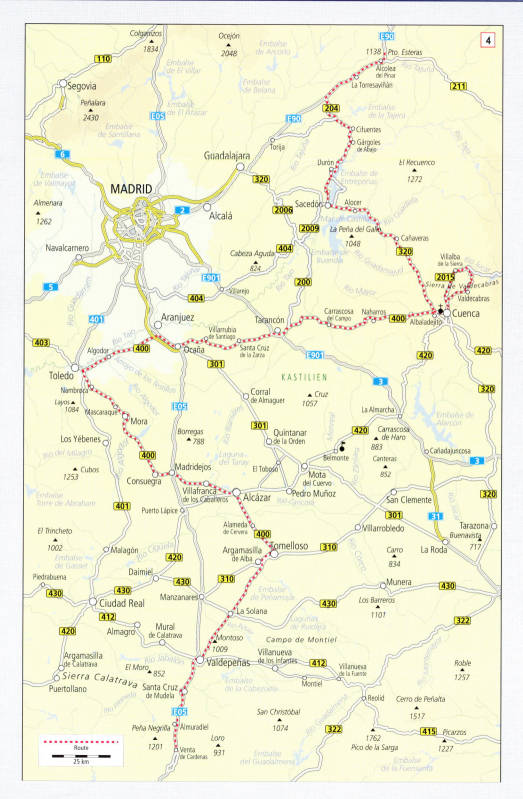

Sightseeing auf zwei Rädern

*Bobbys, Affen und Kanonen –
ungewöhnliche Entdeckungen
auf einer Rundtour durch die
britische Kronkolonie Gibraltar*

Gibraltar, das klingt exotisch, nach Abenteuer, nach Kanonen und Pulverdampf, nach Kolonialismus und nach vergangenen Zeiten. Dass Gibraltar aber kein Auslaufmodell ist, merkt schnell, wer der Felsenhalbinsel zwischen zwei Kontinenten einen Besuch abstattet. Schon der britische Bobby, der uns am Schlagbaum mit strengem Blick mustert, passt so gar nicht in das mediterrane Umfeld des südlichen Mittelmeeres. Ein kurzer Blick auf den Ausweis, dann dürfen wir passieren. Langsam rollen wir mit unserer GS weiter. Die endlose Betonfläche, die wir gleich hinter der Grenze überqueren, ist der internationale Flughafen von Gibraltar. Ein Kuriosum, wir fahren mitten über die Landebahn. Startet oder landet ein Flieger, schließt sich eine Schranke wie bei uns zu Hause am Bahnübergang, und schon donnert ein Düsenjet nur wenige Meter an den Nasen der Wartenden vorbei. Für uns ist der Weg frei ,und wir folgen dem Queensway auf die knapp 5 mal 1,5 Kilometer große Halbinsel. Irgendwie sieht hier alles anders aus als auf dem iberischen Festland hinter uns. Rote Telefonzellen und Briefkästen, Bobbys mit ihren markanten schwarzen Helmen, Schilder mit englischen Straßennamen und Autos mit britischen Kennzeichen beherrschen das Bild. Einen kurzen Moment überlege ich, ob ich jetzt auch die linke Fahrbahnseite benutzen muss. Das hätten wir aber schon sehr schnell hinter der Grenze gemerkt, denn wir sind nicht alleine unterwegs. Dichter Verkehr ist hier auf der Hauptstraße, die von der Grenze auf der einen Seite zum Europa Point auf der anderen Seite Gibraltars führt.

Überhaupt war schon immer viel los auf dem Felsen im Mittelmeer. Eine wechselvolle, ereignisreiche Geschichte liegt hinter der britischen Kolonie, in der heute etwa 30 000 Menschen leben. Schon in prähistorischer Zeit war Gibraltar besiedelt, wie Funde in den Höhlen beweisen. Etwa 950 v. Chr. kamen die Phönizier, dann die Karthager. Es folgten die römische Besetzung, nach dem Untergang des Römischen Reiches die Vandalen, später die Goten. Im Jahr 711 landeten die Mauren, 1462 eroberten die Spanier den Felsen zurück, und 1704 setzten die Briten endgültig ihren Union Jack auf die Halbinsel. Und so zeugen auch zahlreiche Relikte, zwischen denen wir hindurchkreuzen, von der kriegerischen Vergangenheit. Befestigte zinnenbewehrte Mauern

Vorangehende Doppelseite: Freie Sicht bis Afrika – Aussichtspunkt auf der Buena Vista Road.

Kontaktfreudig und bissig – zum Streicheln unbedingt Motorradhandschuhe anlassen.

Gibraltar – der Felsen zwischen zwei Kontinenten und zwei Meeren.

und Wehre, Kanonen und Bunker säumen unseren Weg. Kurz vor den Botanic Gardens geht der Queensway in die Europa Road über. Oberhalb der Alameda Gardens, wie der botanische Garten auch genannt wird, stellen wir unsere GS ab und erkunden den kleinen Park zu Fuß. Auf kleinen Wegen schlendern wir durch die gepflegte Anlage, die im April 1816 ihre Pforten öffnete. Im Zentrum des Parks steht die bronzene Büste des Herzogs von Wellington, die aus eingeschmolzenen, vom Herzog erbeuteten Kanonen gegossen wurde. Kugeln und Kanonen umgeben die Büste noch heute.

Berberaffen auf dem eindrucksvollen Oberen Felsen

Bald haben wir unsere Gartenrunde hinter uns, gönnen uns noch eine ruhige Pause auf einer der niedrigen Steinmauern, dann düsen wir wieder mit der BMW los. Wir halten uns an die Schilder Richtung Europa Point und passieren einen rauschenden Wasserfall. Wenige Meter weiter liegt das große Freibad. Jetzt im Januar ist kein Wasser im Becken. Kein Wun-

der, das Wetter ist zwar angenehm zum Motorradtouren, aber in der Badehose möchte ich bei bewölktem Himmel und 15 Grad Lufttemperatur nun auch nicht draußen liegen. Die Straße führt durch einen stockfinsteren Tunnel. Dumpf reflektieren die steinernen Wände das Grollen des Boxers. Als wir auf der anderen Seite den Berg verlassen, staunen wir nicht schlecht, stehen wir doch direkt vor einer großen schneeweißen Moschee. Das interessante palmengesäumte Gebäude mit der runden Kuppel und dem hohen Minarett ist ein Geschenk des saudi-arabischen Königs Fahad Al-Saud. Nach zwei Jahren Bauzeit wurde es 1997 eingeweiht.

In Sichtweite der Moschee liegt der Europa Point, der südlichste Zipfel Gibraltars. Wir steigen die wenigen Stufen zur Aussichtsplattform unterhalb des rotweißen Leuchtturmes hoch. Welch ein Blick, vor uns liegt die Meerenge von Gibraltar, dahinter die hohen Berge Marokkos, ein anderer Kontinent, fast zum Greifen nah. Etwas Wehmut kommt auf, eigentlich wollten wir ja schon immer mal mit dem Motorrad nach Afrika. Jetzt liegt es hier

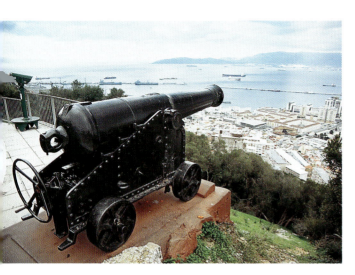

*Zum Schießen –
Kanone am
Moorish Castle.*

Fakirs steht darunter ein Meer von Stalagmiten. Über verschiedene Rampen und Stufen wandern wir durch das unterirdische Labyrinth. 1704 versteckten sich 500 Spanier in den Gängen, nachdem sie die schwierige Ostwand des Felsen erklettert hatten. Ihr Ziel, Gibraltar zurückzuerobern, konnten sie jedoch nie in die Tat umsetzen, sie wurden vorher entdeckt. Heute wird die größte Halle der Höhle ihrer einmaligen Akustik wegen für Konzerte genutzt.

Als wir die Höhle wieder verlassen, sind auch die Affen weg. Unsere GS scheint langweilig gewesen zu sein. Parallel zum Hang fol-

praktisch so vor der Tür. Gerade mal vierzehn Kilometer trennen die beiden Erdteile voneinander. Aber genug geschwärmt, nicht diesmal, jetzt geht es erst mal bergauf. Irgendwo stand doch auf einem Schild »Upper Rock«. Da müssen wir lang, also los.

Ein paar Minuten, dann stehen wir auf einmal vor einer Schranke. Weiterkommen kein Problem, aber erst zahlen. Ein paar britische Pfund, es dürfen auch Euro sein, wechseln den Besitzer, dann ersteigen wir mit dem Motorrad den Oberen Felsen. Wie steht es so schön in unserem Prospekt, den wir an der Kasse bekommen? »Ebenfalls befinden sich auf dem Oberen Felsen die meisten Plätze von historischem Interesse Gibraltars.« Klingt spannend, unser »erster Platz von historischem Interesse« ist St. Michael Cave. Auf dem Parkplatz vor der Höhle werden wir misstrauisch beobachtet. Zwei, drei Augenpaare verfolgen jede unserer Bewegungen. Vorsichtshalber verstauen wir die Magnet-Kartentasche vom Tank in den Alu-boxen. Mehrmals kontrolliere ich, ob unsere Kuh auch sicher und stabil steht. Die Gestalten, die uns beobachten sind nämlich extrem neugierig und kletterfreudig, die einzige freilebende Affenkolonie Europas, Gibraltars Berberaffen.

Wir verschwinden erst mal in der Höhle. Einige Meter geht es durch einen geraden Gang, dann erreichen wir die erste Halle unter den Felsen. Unmengen Stalaktiten hängen unter der Decke, und wie das Nagelbrett eines gen wir der Lower Queen's Road. Die Aussicht von hier oben ist beeindruckend. Über die Altstadt und den mächtigen Hafen von Gibraltar hinweg sehen wir weit auf die Meerenge, die Straße von Gibraltar, hinaus. Riesige Fracht- und Containerschiffe und Tanker liegen zwischen Mittelmeer und Atlantik vor Anker. Kleine Segelboote durchkreuzen das kabbelige Wasser. Und nun sind auch die Affen wieder da. An der mittleren Station der Seilbahn, die vom Rand des Hafens bis ganz oben auf den Upper Rock führt, treibt sich meist das Gros der Kolonie herum. Kleine verspielte Äffchen, ihre sorgsam aufpassenden Affenmütter und die gelassen und cool wirkenden älteren Männchen klettern rechts und links der Straße im Gebüsch und in den Bäumen herum. Ich halte auf der Straße an, Kiki steigt ab, den Fotoapparat in der Hand. Kaum ist sie zwei Meter vom Motorrad weg, kommen die ersten Halbstarken zögernd auf mich zu. Ein letzter skeptischer Blick und schon springt der erste Berberaffe in hohem Bogen auf die linke Lenkerarmatur, hält sich am Rückspiegel fest. Sein Kumpel fackelt nicht lange und springt hinterher, sitzt mitten auf der Scheibe. Ein, zwei Minuten leisten die Kerlchen mir auf der BMW Gesellschaft, dann wird es ihnen wohl lang-

Am Southport-Tor bleibt Platz für üppige Straßenbegrünung.

Fish and Chips – nur echt mit Essig auf den Pommes.

Rechts: Für Nostalgiker – die Schlüsselzeremonie an den Kasematten.

weilig, es gibt ja nichts abzustauben. Der Scheibenhocker verschwindet als Erster. Sein Kumpan beißt noch kurz, aber herzhaft in meinen Lederhandschuh, als ich ihn kraulen will, und springt dann lärmend ins nächste Gebüsch. Ich rücke meinen Rückspiegel wieder gerade, und vorsichtig zuckeln wir weiter, umkurven noch drei, vier Primaten, dann gebe ich Gas, und wenig später erreichen wir den Aussichtspunkt oberhalb des maurischen Kastells. Hier haben wir einen interessanten Blick auf die Grenze, den spanischen Grenzort La Linea und den originellen Flugplatz. Allzu dicht scheint der Flugplan Gibraltars nicht zu sein. Obwohl wir eine lange Pause auf der Plattform verbringen, ist von Luftverkehr weit und breit nichts zu sehen.

Mit unserem Besuch im Moorish Castle wird es nichts, denn die Festung ist wegen Renovierung geschlossen. Leider ist auch niemand zu sehen, der uns sagen könnte, wann es wieder geöffnet wird. Also halten wir uns wieder bergab, passieren den zweiten

Schlagbaum, der uns aus dem kostenpflichtigen Teil von Gibraltars Straßen herausführt.

Fish and Chips

Fish and Chips, kein wirklicher kulinarischer Höhepunkt, nichts für echte Gourmets, aber wir lieben es. Und wenn man schon mal in so einem britischen Ambiente unterwegs ist, soll man das auch ausnutzen. In einem kleinen, freundlichen Restaurant ordern wir den Leckerbissen, setzen uns draußen an die frische Luft und genießen das Mahl. Natürlich muss es cod sein, Kabeljau, und nicht etwa Schellfisch, haddock, oder Seelachs, pollock. Wie es sich für einen authentischen und guten Fish 'n' Chips-Laden gehört, haben wir die Auswahl. Und es ist selbstverständlich, dass die Chips, was übrigens die Kurzform von chipped potato ist, mit Salz und Essig, salt 'n' vinegar, serviert werden. Dass Fish and Chips eine Wissenschaft für sich sind, lässt sich auf der Internetseite der 1913 gegründeten Berufsvereinigung National Federation of Fish

Friers nachlesen. Unter http://federationoffish-friers.co.uk werden Fisch-Frittier-Trainings-kurse, Frittierkosten-Senkungstipps und eine eigene Fischfrittier-Federation-Zeitung ange-boten. Unser Wirt hat offensichtlich alle Tricks auf Lager, das Essen ist köstlich, und gut gestärkt brechen wir zu einem Verdauungs-spaziergang auf.

Was liegt näher als ein Bummel durch Gibraltars ewig lange Fußgängerzone, die Main Street. Hier reiht sich Geschäft an Geschäft. Gehobene Boutiquen, Ramschläden, Duty-free-Shops, Pubs, Bücherläden, kitschige Souvenirgeschäfte, Wechselstuben, eine bunte Mischung unterschiedlichster Schau-fenster sorgt für Abwechslung. Ebenso bunt die Mischung der flanierenden Passanten, orthodoxe Juden mit traditioneller Kopfbede-ckung, britische Gentlemen, deren Hosen eine Handbreit über dem Knöchel endet, ver-schleierte Frauen aus Nordafrika, wir machen sogar einen jungen Mann mit Kilt aus und das am südlichsten Ende Spaniens, wer hätte das

gedacht. Einen letzten Blick werfen wir auf die Reste der alten Festungsmauern bei den Kase-matten am Ende der Main Street. Dann steuern wir wieder auf den Air Terminal zu, in dessen Schatten der Grenzübergang und die Zollkon-trollen liegen. Stichprobenartig werden spani-sche Autos und Touristenfahrzeuge bei der Ein-reise nach Spanien kontrolliert. Die günstigen Einkaufsmöglichkeiten in der britischen Kolonie verleiten ab und an doch zum Überschreiten der erlaubten Höchstmengen, und so wird die eine oder andere Stange Zigaretten oder Sher-ryflasche aus man-chem Kofferraum gefischt. Wir bringen außer einer großen Menge interessanter Eindrücke nichts von der Felseninsel mit und die sind bekannt-lich nicht zoll- oder steuerpflichtig.

Zum Bummeln und Shoppen geht's auf die Main Street.

Strahlt seit 1841 bis nach Marokko – der Leuchtturm am Europa Point.

ALLGEMEINES

Gibraltar, die britische Kolonie, befindet sich an der Südspitze Spaniens, in der Bucht von Algeciras. 1704 besetzten die Engländer die Felsenhalbinsel. Gibraltar ist etwa sechs Quadratkilometer groß, der Felsen bis zu 430 Meter hoch, er besteht überwiegend aus Kalkstein. An der Südspitze, dem Europa Point steht der 1841 in Betrieb genommene Leuchtturm. Die Stadt Gibraltar liegt auf der Westseite des Felsens. Gibraltar hat eine eigene Regierung mit eingeschränkter Selbstverwaltung. Die Außen- und Sicherheitspolitik wird von London bestimmt. Die britische Königin wird als Staatschef vom Gouverneur vertreten. Innerhalb der EU spielt Gibraltar eine Sonderrolle. Es ist zwar Teil der EU, jedoch gelten nicht die Bestimmungen des Binnenmarktes, der Agrar- und Fischereipolitik und auch nicht die EU-Bestimmungen zur Mehrwertsteuer.

KLIMA UND REISEZEIT

Die günstige Lage und die unmittelbare Nähe zu Nordafrika machen Gibraltar zu einem Ziel für alle Jahreszeiten. Im Hochsommer kann es jedoch unangenehm heiß werden. November und Dezember sind die regenreichsten Monate. Dann sollten schon mal Regensachen im Gepäck sein. Im Winter fällt die Durchschnittstemperatur nicht unter 12 Grad. Im Jahresmittel beträgt sie 17,8 Grad.

MOTORRADFAHREN

Die Strecken auf Gibraltar sind überschaubar. Sightseeing auf zwei Rädern macht dennoch viel Spaß. Ein, zwei Runden zur Orientierung, dann hoch auf den Upper Rock. Im Zentrum lässt man das Motorrad stehen, zu Fuß geht es schneller.

SEHENSWERTES

Beginnend bei den Kasematten bietet sich ein Gang durch die quirlige Main Street an. Ganz im Süden bietet der Europa Point ein prima Afrika-Panorama. Der Upper Rock mit dem Affenfelsen ist natürlich ein Muss. Interessant sind auch Moorish Castle und die Upper Galleries, ein Tunnelsystem aus dem 18. Jh., dessen Gänge besichtigt werden können.

ESSEN UND TRINKEN

Gibraltar ist englisch, also müssen wenigstens einmal Fish and Chips auf dem Speiseplan stehen. Die britischen Pubs bieten britische Bar-Meals und sind zudem sehr gemütlich. Bedingt durch die ethnische Vielfalt findet sich eine große Auswahl an indischen, chinesischen und britischen Restaurants. Leckeres Bier vom Fass bieten die Pubs.

UNTERKUNFT

In der britischen Kolonie stehen einige Hotels, so genannte self catering apartments und eine Jugendherberge zur Verfügung. Im Sommer kann es knapp werden mit dem Angebot, möglichst frühzeitig reservieren. Im spanischen Grenzort La Linea ist das Angebot größer.

KARTEN

Auf Gibraltar gibt es in Shops den deutschsprachigen »Fremdenführer für Gibraltar«. Alle Sehenswürdigkeiten sind darin beschrieben, außerdem enthält das Heft zwei übersichtliche Stadtpläne.

ADRESSEN UND INTERNET

Im Internet gibt es die offizielle, englischsprachige Seite www.gibraltar.gi. Freundlich und kompetent hilft das Gibraltar Tourist Board, Duke of Kent House, Cathedral Square Telefon 00350/74950 oder per Mai tourism@gibraltar.gi.

The Angry Friar – der älteste Pub auf Gibraltar.

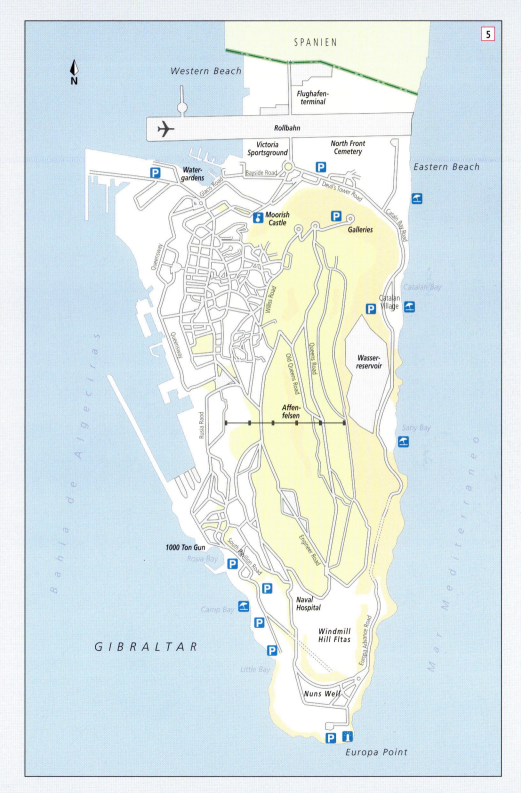

Über blütengesäumte Highways und holprige Gebirgspfade durch das Land der Conquistadores, die Extremadura

Erholsames Biken in himmlisch ruhiger Landschaft

Lila, gelbe und weiße Blüten an dunkelgrünen Stängeln rauschen an uns vorbei. Am tiefblauen Himmel ziehen bauschige Federwolken über uns hinweg. In der Luft liegt ein intensiver Geruch von Rosmarin, Lavendel, Wacholder und allem, was rechts und links der holprigen Piste noch so alles grünt und blüht. Wir sind unterwegs auf einem der vielen unbefestigten Wege, die durch die unberührte Landschaft der Extremadura führen. Weit und breit kein Haus, kein Hof, nur Wüstungen und Ruinen. Wie ausgestorben, fast unwirklich, wirkt das Land zwischen dem Rio Alagón und dem aufgestauten Rio Tajo, der nahe der portugiesischen Grenze den größten Stausee Europas bildet, den Embalse de Alcántara. Kilometerlang fegen wir mit unserer GS über Fels- und Feldwege, dass der Schotter nur so spritzt. Hier stört sich niemand an einer tieffliegenden Enduro. Im Gegenteil, die wenigen Menschen, denen wir begegnen, schauen freundlich interessiert, winken grüßend zurück.

Vorangehende Doppelseite: Garant für Fahrspaß – die Straßen im Parque Natural de Monfragüe.

Scheinbar endlos wirkt die Steppenlandschaft südlich des Rio Alagón.

Die Extremadura, eine der 17 autonomen Regionen Spaniens, gehört mit gerade mal 26 Einwohnern pro Quadratkilometer zu Spaniens bevölkerungsärmsten Gegenden. Eine bewegte Geschichte hat diese Region hinter sich. Kelten siedelten in der Extremadura schon vor 3 000 Jahren, danach eroberten die Karthager die Region, die ihrerseits von den Römern abgelöst wurden. Besonders den Römern hat die Extremadura viele historische Bauten zu verdanken. Heute führt die Extremadura ein beschauliches Dasein.

Ganz zu Unrecht lassen viele Reisende sie auf ihrem Weg in den Süden links liegen. Uns ist das ganz recht, sind wir doch auf der Suche nach erholsamer Ruhe und Einsamkeit, fernab jeglicher Hektik des Alltags. Bei einem alten Gemäuer stellen wir die GS ab. Von dem uralten mächtigen Hof stehen heute nur noch einige Grundmauern aus bröckeligem, dunklem Gestein, vom Zahn der Zeit und der Pflanzenwelt niedergerungen. Im dichten Gras des Innenhofes, im Schatten der Mauern

Picknickpause in der Extremadura.

bauen wir unser Zelt auf. Welch ein Platz! Außer dem leisen Knistern des abkühlenden Motors, dem Zwitschern der Vögel aus den nahen Bäumen und dem gelegentlichen Brummen eines vorbeifliegenden fetten Käfers dringt kein Ge-räusch an unsere Ohren. Als es dämmert, werfen wir unseren Benzinkocher an. Schnell brutzelt ein Bannock in dem als Bratpfanne missbrauchten Topfdeckel. Den einfachen Teig für das schmackhafte Fladen-brot haben wir mit einigen Scheiben der herz-haften frischen chorizo, der Paprikawurst, ver-feinert, die es überall in dieser Region in der Carnicería, der Fleischerei, gibt. Dazu gönnen wir uns eine Flasche Wein aus dem nur eine gute Stunde entfernten Anbaugebiet bei Tru-jillo – ein fantastischer Sonnenuntergang … was will man mehr?

Unbekannte Welt der Tiere

In Alcántara genießen wir am nächsten Vor-mittag ein gutes Frühstück, starker Kaffee weckt die Lebensgeister. Eines der eindrucks-vollsten Bauwerke der Iberischen Halbinsel liegt in der Nähe dieses kleinen Städtchens. Wir verlassen Alcántara in Richtung der portu-giesischen Grenze über einen schmalen, gepflasterten Weg, passieren das Kloster der Las Monjas Comendadores, dem ersten Tem-

pel der Alcántara-Ritter, und da liegt sie vor uns. Imposant und gewaltig, 150 Meter lang, 70 Meter hoch, die römische Brücke über den Rio Tajo. Für viele Iberer gilt die im Jahr 103 eingeweihte Brücke aus Granitsteinen als schönstes Monument Spaniens. Beeindruckt rollen wir langsam über das Pflaster dieses seit Jahrhunderten häufig und heftig umkämpften Bauwerkes. Wer mag die sechs Bogen dieser Brücke schon alles überschritten haben? Ganze Heere, mehr oder weniger siegreich, die Ritter des Alcántara-Ordens auf ihrem Weg nach Portugal?

Stadtrundfahrt mit Boxer – zwischen den Arkaden von Garrovillas.

Prima Pfade für engagierte Enduristi bietet die Sierra de Gredos.

Auf kleinen Nebenstrecken folgen wir dem Rio Tajo in Richtung Osten. Manchmal fällt unser Blick auf den aufgestauten Fluss, dann entfernen wir uns wieder von ihm. Wir fahren durch eine weite, steppenähnliche Landschaft. Nur ganz selten kommt uns mal ein Auto entgegen. Rechts und links der Straße riesige Weiden, saftige Wiesen, grüne Büsche. Die mächtigen Stiere der Extremadura fühlen sich in dieser Region wohl, in der auch das Zuchtgebiet der fast schwarzen Ibérico-Schweine liegt. Die mit den Eicheln der Kork- und Steineichen gefütterten Borstentiere sind die Lieferanten des bei Feinschmeckern geschätzten Ibérico-Schinkens.

Beim Puerto de la Serrana, einem 387 Meter hoch gelegenen Pass passieren wir die Grenze des Parque Natural de Monfragüe. Der 30 Kilometer lange und 7 Kilometer breite Naturpark am Zusammenfluss von Rio Tajo und Rio Tiétar ist ein einzigartiges Reservat und bietet einen idealen Lebensraum für Greifvögel, wie es ihn sonst in Europa kaum noch gibt. Auch wir brauchen nicht lange zu suchen. Am Embalse de Torrejón-Tajo lassen wir das Motorrad stehen, klettern ein wenig in den Felsen herum, legen uns auf den Rücken und schauen uns das Treiben über unseren Köpfen an. Mächtige Mönchs- und Gänsegeier mit einer Spannweite von über zweieinhalb Metern gleiten

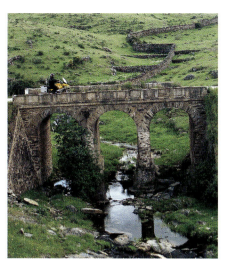

MERIDA – DER RÖMISCHE RUHESITZ

Etwas abseits der beschriebenen Route, aber recht sehenswert ist Merida. Die am Rio Guadiana gelegene Stadt wurde 25 v. Chr. von Kaiser Augustus gegründet. Augusta Emerita sollte den verdienten römischen Kriegsveteranen als Altersruhesitz dienen. Viele der römischen Bauwerke wie das Theater, der Circus Maximus, das Forum, die Brücken und einiges mehr sind bis heute erhalten geblieben. Seit 1993 sind die Stätten in das Weltkulturerbe der UNESCO aufgenommen. Auch das römische Museum lockt mit spannenden Exponaten.

in majestätischer Ruhe durch den blauen Himmel. Wie wir später im Informationszentrum des Naturparks in Villarreal de San Carlos erfahren, lebt hier die größte Kolonie Mönchsgeier der Welt mit etwa 225 Paaren. Lange genießen wir den Anblick der riesigen Segler, genießen die absolute Stille um uns herum. Außer dem Zirpen der Grillen hören wir nur ab und an den Ruf eines Raubvogels.

Die unvergleichliche Weide-, Wald- und Berglandschaft des Monfragüe ist echtes Motorradfahrerland. Es fällt uns schwer, auf den Straßen im Nordwesten des Parks auch nur hundert Meter ohne Kurven zu finden. Auf dem rauen Asphalt fallen wir von einer Schräglage in die nächste, es geht bergauf, bergab, kaum haben wir die eine Kehre hinter uns, bremse ich die nächste an. Um gleichzeitig die fantastische Natur zu genießen, müssen wir oft anhalten, schauen von oben in die riesige Wasserfläche der Seen, wo man mit ein wenig Glück Fischotter sieht. Den zweifellos interessantesten Tieren der Extremadura wird man als Tourist kaum begegnen. Etwa 35 bis 40 Wölfe streifen derzeit durch die Weiten der Region. Auch das gefährdetste Säugetier Europas, der iberische Luchs, existiert hier noch mit einigen wenigen Exemplaren, deren Zukunft allerdings recht ungewiss erscheint. Über die gut ausgebaute EX 208 verlassen wir den Park wieder, gönnen uns ein paar hurtige Kilometer. Angenehm kühlt der Fahrtwind. Auch auf

dieser Landstraße mit ihren langgezogenen Kurven sind wir fast allein unterwegs. Bei Malpartida de Plasencia finden wir einen sympathischen Campingplatz. Auf einer Wiese unter dichten Bäumen stellen wir unser Zelt auf, tauschen die Motorradklamotten mit luftigen Sommersachen und gönnen uns auf der schattigen Terrasse der platzeigenen Bar ein eiskaltes, leckeres, riesengroßes Bier.

Sportliche Herausforderung

Plasencia gehört schon zu den größeren Orten der Extremadura. Unser Ziel am nächsten Tag hat immerhin fast 37 000 Einwohner. In der

Auf der anderen Seite liegt Portugal – Grenzfluss bei Segura.

Herausforderungen für Enduristen auf Abwegen.

geschäftigen Stadt herrscht deutlich mehr Leben als im kargen Umland. In der 400 Meter hoch gelegenen Stadt am Rio Jerte herrscht meist auch im Sommer ein erträgliches Klima. Es ist nicht ganz einfach, im hektischen Durchgangsverkehr zu bestehen. Meist hat Recht, wer am lautesten hupt. Wer zögert, wird gnadenlos ausgebremst. Wir bestehen, finden den richtigen Weg durch die Stadtmauern in die Altstadt. Auf einem breiten Bürgersteig stellen wir unsere BMW ab und schlendern durch die engen Gassen. Alte Mütterchen mit Einkaufstrollis, junge händchenhaltende Pärchen, hektische Geschäftsleute und einige wenige Touristen sind zwischen den Häusern auf den Beinen. Am Plaza Mayor, unter den Arkaden der weißgetünchten Häuser, gönnen wir uns vor einer Bar einen Kaffee, einen café solo, den im Glas servierten extra starken espresso, und lassen das bunte Treiben auf uns wirken.

»Recorrido difícil o peligroso« verkündet unsere spanische Michelin-Straßenkarte, was so viel heißt wie »Schwierige oder gefährliche Straße«. Klingt gut, genau der richtige Einstieg

Abgelegener geht es kaum mehr – das kleine Bergdorf Trevejo.

in eine Tagestour in die Sierra de Gredos. Von unserem Zeltplatz über die N 110 in nordöstlicher Richtung geht es entlang des Rio Jerte. Bei Valdastillas, in dessen Umgebung im Frühjahr Tausende Kirsch- und Mandelbäume blühen, biegen wir von der breiten Hauptstraße ab. Bis Garganta la Olla sind es auf unserer Karte noch zwei Zentimeter. Bei einem Maßstab von 1 zu 400 000 sollten das etwa 8 Kilometer sein. Das daraus auf der Straße etwa 35 werden, sagt schon einiges. In wilden Kehren

und Serpentinen schraubt sich die Straße in die Höhe. Immer weiter wird der Blick über die umliegende Landschaft, immer felsiger präsentiert sich die Umgebung. Wirklich schwierig oder gefährlich ist die Straße nicht. Lediglich das eine oder andere fehlende Stück Leitplanke lässt mich über die Folgen einer kleinen Unachtsamkeit nachdenken.

Höher und höher kurven wir in die südlichen Ausläufer des 200 Kilometer langen Bergrückens. Über Jarandilla de la Vera, einem beliebten Ausgangspunkt für Wanderer, folgen wir der C 501. Über viele Kilometer fahren wir oberhalb des Rio Tiétar, links von uns steigen die steilen Gipfel des Grats auf weit über 2 000 Meter an. Angenehm kühl ist es hier oben. Kurz hinter Madrigál de la Vera verkündet eine große Tafel, dass wir nun die Extremadura verlassen und die Region Kastilien befahren. Für uns ein Signal, wieder in Richtung Tal zu schwenken. Den Embalse de Rosarito überqueren wir auf einer Brücke, die eine herrliche Aussicht über den aufgestauten Fluss bietet. Auf seiner südlichen Seite folgen

wir wieder dem Rio Tiétar. Eine Strecke voller Überraschungen und Entdeckungen. Da stehen wir am Flussufer auf einmal vor einem riesigen Storchennest. Einige Kilometer weiter pflügt ein Bauer sein Feld mühselig mit einem Ochsengespann, eine alte Frau klopft und schüttelt die Oliven vom Baum. Wie um Jahrzehnte zurückversetzt fühlen wir uns in dieser Umgebung.

Historisch imposantes Trujillo

Nach Trujillo führt uns die nächste Etappe unserer Tour durch dieses einsame Land im Herzen der Iberischen Halbinsel. Trujillo, von hier brachen einst die spanischen Conquistadores auf, Südamerika zu erobern. Sieg- und ruhmreich kehrten sie von ihren Gemetzeln zurück, schwer bepackt mit Gold und Schätzen, die sie den Ureinwohnern entrissen hatten. Francisco Pizarro ist nur einer der vielen Söhne dieser Stadt, aber sicher der bekannteste, die in die Neue Welt aufbrachen. Die riesige Bronzestatue, die den Plaza Mayor Trujillos beherrscht, erinnert an den Eroberer, der

Unterwegs mit einer Eselstärke – gängiges Verkehrsmittel in der Extremadura.

Links: Schrecken der Frösche – Storchennest am Embalse de Rosarito.

Gut beschattet – auf dem Plaza Mayor in Trujillo lässt es sich vorzüglich Kaffee trinken.

mit seinen Mannen in Peru einfiel. 1534 gründete er dort das noch heute existierende peruanische Dorf, das ebenfalls den Namen seiner Heimatstadt Trujillo trägt. Wir sitzen auf dem Plaza Mayor unter einem großen schattenspendenden Stoffdach, umgeben von alten grauen und weißen Steinhäusern, unter deren schattigen Arkaden es sich angenehm bummeln lässt.

Bei einem café con leche, dem heißen Starken mit viel Milch, lassen wir die heimelige Atmosphäre eines der schönsten Marktplätze Spaniens auf uns wirken. Zwischen den hohen Mauern, unter den Balkonen toben Kinder lärmend über den Platz. Der Dorfpolizist hält ein Schwätzchen, unter den Steinbogen sitzen alte, wettergegerbte Männer. Im Schatten des Denkmals erholen sich einige erschöpfte Wanderer, und quer über den Platz knattert ein altersschwaches Moped, bei dem wir uns wundern, dass es überhaupt noch fährt. Über

der ganzen Stadt kreisen Störche, die jeden Turm, jeden großen Schornstein in Beschlag genommen haben. In elegantem Flug setzen sie bei ihren Nestern zur Landung an, um sich bald wieder auf der Suche nach leckeren Amphibien in die Luft zu begeben. Von der gewaltigen Burg, die hoch über Trujillo auf dem Felsen thront, werfen wir noch einmal einen Blick über die Stadt und ihr grünes Umland, bevor wir uns wieder auf unsere BMW schwingen.

Schnell sind wir aus dem lebendigen Trubel Trujillos wieder heraus, halten uns in Richtung Süden. Nur wenige Kilometer, dann finden wir uns wieder ein in der stillen, einsamen Steppe, die den größten Teil der Extremadura ausmacht. In der Sierra de Montánchez geben wir uns wieder der allgegenwärtigen Ruhe hin, die uns diese Region so ans Herz legt. Weiß man sie zu genießen und sich ihr hinzugeben, kann man Monate von ihr zehren.

*Wo die wilden Wölfe
leben – im Natur-
park Monfragüe.*

*Die Burg von Trujillo
bietet seit über 1000
Jahren einen weiten
Blick über die Extre-
madura.*

ALLGEMEINES

Die autonome Region Extremadura liegt im Südwesten Spaniens, an der Grenze zu Portugal. Kelten, Karthager und Römer wechselten sich in der bewegten Vergangenheit der Region ab. Besonders die Römer hinterließen zahlreiche beeindruckende, historische Bauwerke wie Brücken, Burgen und Theater. Während der Norden der Extremadura eher bergig ist, dominieren im restlichen Land weite, steppenartige Ebenen. Auf etwa 42 000 Quadratkilometer leben gut eine Million Einwohner. Damit ist die Extremadura mit rund 25 Einwohnern pro Quadratkilometer eine der bevölkerungsärmsten Regionen Europas. Vom Massentourismus verschont, ist diese Region das ideale Urlaubsziel für alle, die echte Ruhe und Erholung suchen.

KLIMA UND REISEZEIT

Mediterranes Klima mit heißen Sommern und milden Wintern bestimmt die Extremadura. Die beste Reisezeit ist der Frühling. Es ist dann schon angenehm warm, es grünt und blüht. Vor allem die Kirschblüte am Rio Jerte ist dann einen Abstecher wert, und die Störche sind auch wieder im

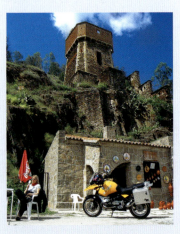

Wohlverdiente Eispause am Wachturm der römischen Brücke bei Alcántara.

Land. Auch der Sommer ist reizvoll, man muss dann aber eine gewisse Hitzebeständigkeit mitbringen. Bis in den späten Herbst hinein kann es mild bleiben, für lange Abende sollten dann aber wärmende Sachen dabei sein, auch den Regenkombi dann nicht vergessen.

MOTORRADFAHREN

Die Extremadura will mit dem Motorrad erwandert werden. Außer dem gebirgigen Norden, der mit kurvigen Strecken nicht geizt, ziehen sich die Straßen eher gerade durch die steppenähnliche Landschaft. Die weiten, überschaubaren Flächen lassen dabei so etwas wie Highway-Feeling aufkommen, genau das Richtige für geruhsame Entdeckungstouren und erholungsbedürftige Urlauber.

SEHENSWERTES

Der Parque Natural de Monfragüe ist ein kleiner, aber feiner Naturpark mit einer ganz außergewöhnlichen Flora und Fauna. Unbedingt im Informationszentrum des Naturparks in Villarreal de San Carlos vorbeischauen. Trujillo ist ein Muss, und Alcántara mit seiner Umgebung und die nahe Grenzregion zu Portugal lassen fantastische Entdeckungstouren zu.

ESSEN UND TRINKEN

Das schwarze Ibérico-Schwein, mit den Eicheln der Extremadura genährt, liefert unter strengen Regelungen den berühmten Jamón Ibérico, den luftgetrockneter Schinken, mit seinem besonderen Geschmack und seiner exquisiten Qualität. Zart gebratenes Lammfleisch mit extremadurischem Paprika, angeblich dem aromatischsten ganz Spaniens, und viel Knoblauch ist ein ganz besonderer regionaler Leckerbissen. Unbedingt die chorizo, die schmackhafte Paprikawurst, probieren. Das Anbaugebiet Tierra de Barros bei

Trujillo bringt hervorragende Weine hervor. Interessant zu probieren ist der Licor de Bellota, der Eichellikör aus der Sierra Morena. Lecker auch der im Tal des Rio Jerte hergestellte Licor de Cereza, der Kirschlikör.

UNTERKUNFT

Ein besonderes Ambiente bieten die Paradores in Plasencia, ein Kloster aus dem 15. Jahrhundert inmitten der Altstadt, und in Trujillo, ein Kloster aus dem 16. Jahrhundert. Komfortabel wohnt man auch in dem Hospedería Parque de Monfragüe in Torrejón el Rubio direkt am Rand des Naturparks. Natürlich bietet die Region auch ein breites Angebot von Hotels, Pensionen und Gasthäusern. Die Campingplätze der Extremadura liegen landschaftlich oft sehr schön. Günstig für Touren in die Umgebung gelegen, gut ausgestattet und das ganze Jahr geöffnet ist der Campingplatz in Malpartida de Plasencia.

KARTEN

Die Anreise plant sich gut mit der Michelin-Karte Spanien, Portugal, 1:1000 000, ISBN 2-06-710472-1. Für die Touren innerhalb der Extremadura: Michelin, Extremadura, Kastilien–La Mancha, Madrid, 1:400 000, ISBN 2-06-100906-9.

ADRESSEN UND INTERNET

Die Verwaltung der Extremadura bietet auf ihrer offiziellen Seite www.extremaduravista.com eine Menge Informationen und Empfehlungen über die Region auch in deutscher Sprache an. Interessant auch die Seite der ADENEX www.adenex.org, der Vereinigung zum Schutz und Erhalt der Natur und des Kulturerbes der Extremadura. Natürlich hilft auch immer das Spanische Fremdenverkehrsamt weiter: Kurfürstendamm 63, 10707 Berlin, Tel. 03 0/8 82 65 43.

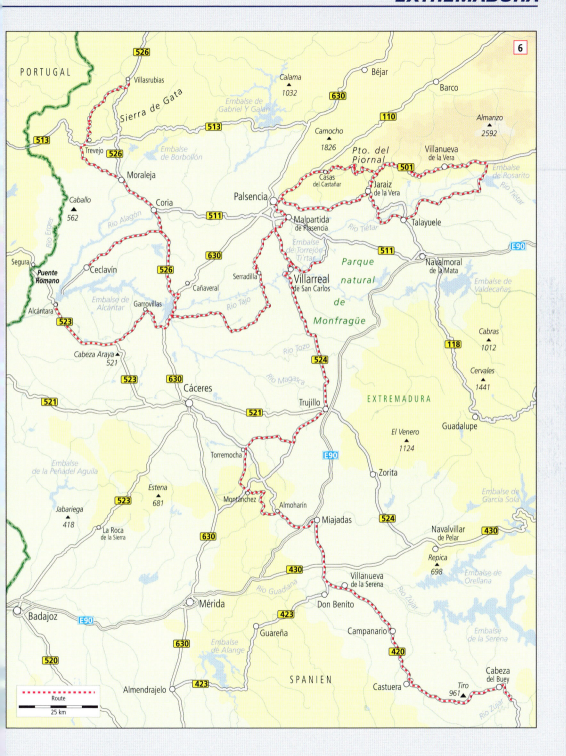

6

PORTUGAL

526
Villasrubias

Sierra de Gata

Calama
1032

Béjar

Barco

630

110

513

Embalse de Gabriel Y Galán

Camocho
1826

Almanzo
2592

513

Trevejo
526

Embalse de Borbollón

Pto. del Piornal

Villanueva de la Vera

Moraleja

Coria

501

Casas del Castañar

Jaraiz de la Vera

Embalse de Rosarito

Rio Tiétar

Caballo
562

Rio Alagón

511

Palsencia

Malpartida de Plasencia

Talayuele

Rio Frios

630

Embalse de Torrejón Ti'rtar

Rio Tiétar

511

E90

Navalmoral de la Mata

Embalse de Valdecañas

Segura

Ceclavín

526

Serradilla

Villarreal de San Carlos

Parque

Puente Romano

Cañaveral

natural

Alcántara

Embalse de Alcántar

Garrovillas

Rio Tajo

de

Monfragüe

118

Cabras
1012

523

Rio Tozo

524

Cervales
1441

Cabeza Araya
521

Rio Magasa

521

523

630

Cáceres

Trujillo

EXTREMADURA

521

El Venero
1124

Guadalupe

Torremocha

E90

Zorita

Embalse de la Peña del Aguila

Estena
681

Montánchez

Almoharín

524

Navalvillar de Pelar

430

Jabariega
418

523

Miajadas

Repica
698

Embalse de Orellana

La Roca de la Sierra

630

430

Villanueva de la Serena

Rio Zújar

Embalse de Garcia Sola

Badajoz

E90

Mérida

423

Don Beníto

Campanario

Embalse de la Serena

630

Guareña

420

520

Embalse de Alange

SPANIEN

Castuera

Tiro
961

Cabeza del Buey

423

Almendralejo

••••• Route

25 km

Robinson Crusoe
lässt grüßen

Die Todesküste von Galicien und das heilige Ufer des Rio Sil – im Nordwesten liegt das grüne, das atlantische Spanien.

S till ruht der See, die Vöglein schlafen« – dass Heinrich Pfeil beim Dichten seines Volksliedes im Jahr 1879 die spanischen Gargantas del Sil im Hinterkopf hatte, kann ich mir nicht so recht vorstellen. Aber die Beschreibung passt. Still und dunkelblau ruht der aufgestaute Rio Sil in seiner tiefen Schlucht vor uns. Stille, absolute Stille herrscht um uns herum. Die Luft ist erfüllt vom Geruch wild wachsender Kräuter und dorniger Macchia. Lange Grasschwengel wiegen sich langsam und bedächtig in einem lauen Lüftchen. Wir stehen in der Nähe des kleinen Dorfes Vilouxe bei Parada do Sil auf einem Aussichtspunkt und genießen das spektakuläre Panorama über die mehrere hundert Meter tiefe Schlucht.

Vorangehende Doppelseite: Meerblick – an der Costa de la Muerte, der Todesküste.

Die Ruta Monte Castelo zur Kapelle Ermita de San Martiño, dem schönsten Aussichtspunkt an der Ria de Viveiro.

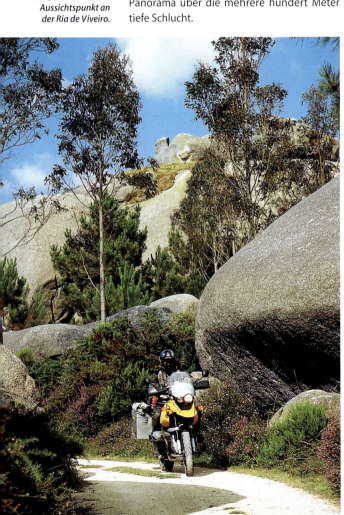

Der Embalse de Santo Estevo, wie sich dieses malerische Gewässer nennt, ist nur einer von vielen Stauseen in der galicischen Provinz Ourense. In der bergigen, schluchtenreichen Landschaft im Südosten Galiciens verstecken sich jede Menge solcher aufgestauten Seen. Erreichbar sind sie meist nur über schmale, kurvenreiche Nebenstrecken, wie geschaffen für erlebnisreiche Entdeckungstouren mit dem Motorrad. Kiki und ich sind heute Morgen in aller Frühe in Leiro aufgebrochen. Dort – etwa 30 Kilometer westlich der Stadt Ourense unweit vom Rio Miño – liegt der sympathische Campingplatz, auf dem wir gestern Abend unser Zelt aufbauten. Heute Morgen, noch während unser Benzinkocher zischend das Kaffeewasser erwärmte, packten wir Zelt und Schlafsäcke wieder ein.

Zügig führte uns dann die gut ausgebaute N 120 entlang des mächtigen Miño in Richtung Osten, an der Stadt Ourense vorbei, bis wir dann bei Luintra in die tief ausgeschnittene Schlucht des Sil abbogen. Eher zufällig stießen wir wenige Kilometer weiter, ganz in der Nähe des Monasterio de Ribas de Sil, auf eine Informationshütte des galicischen Tourismusamtes. Der überaus freundliche Mitarbeiter zückte gleich eine Karte, zeichnete darin einen Rundkurs durch die Region auf, markierte Sehenswürdigkeiten, rechnete Fahrzeiten aus, notierte Öffnungszeiten und fachsimpelte zum Abschied mit uns über unsere BMW.

Solchermaßen gewappnet und mit Informationen versorgt, düsen wir weiter entlang des Cañon del Sil und lassen unsere Blicke immer wieder begeistert über die Schlucht und das bergige Umland schweifen. Die Straße präsentiert sich richtig kurvenreich, der Asphalt ist meist ordentlich griffig. Eigentlich, meint Kiki, müssten wir die Tour zweimal fahren. Einmal ganz genüsslich, für die schöne Aussicht und ein zweites Mal etwas flotter, der vielen tollen Kurven wegen. Wir entscheiden uns für ein gesundes Mittelmaß, nehmen von beidem etwas mit und erreichen bald Castro Caldelas. Der kleine malerische Ort, beherrscht von einer mächtigen Burg, bietet uns eine willkommene Gelegenheit zur Pause. Im Schatten eines dichten Laubdaches gönnen wir uns einen schmackhaften café con leche.

Eigentlich aus Cuba stammend, besteht dieses leckere Getränk aus einem Viertel starken Kaffee und drei Vierteln heißer Milch und hilft mit der richtigen Menge Zucker auch erschöpften Motorradfahrern wieder aufs Zweirad.

Auf schmalen, gewundenen Nebenstrecken kurven wir noch ein wenig durch die Berge des Ribeira Sacra, des heiligen Ufers, wie diese Region ihrer zahlreichen Klöster und Kirchen wegen genannt wird. Auf einigen Kilometern gilt eine Geschwindigkeitsbegrenzung auf 40 Kilometer pro Stunde, sie sind Bestandteile des Fernwanderweges GR 56. Macht nichts, viel schneller ginge es sowieso nicht. Nicht nur die kernigen Kehren, auch fette Kuhfladen und in die Straße ragende Dornenranken und Äste erfordern eine sensible Gashand. Bei Maceda werfen wir noch einen Blick auf das beeindruckende Castillo, dann lenken wir unsere GS in Richtung Westen und verlassen Ourense, die einzige der vier galicischen Provinzen, die nicht an die Küste heranreicht, und halten Kurs aufs Meer.

Auf der linken Seite folgen wir dem Rio Miño, passieren bei Ponte Barxas die Grenze nach Portugal. Nach wenigen Kilometern führt uns eine Brücke wieder zurück auf spanischen Boden. »Die fahren hier aber alle ganz schön hurtig«, sage ich noch zu Kiki.

Keine zehn Minuten später ist es passiert. Hektisches Gewusel am Straßenrand, einige winkende Gestalten. Einen der vielen klapprigen Laster, deren Fahrer wohl von einer steilen Karriere im Motorsport träumen, hat es aus der Kurve getragen. Nichts wirklich Dramatisches, wild gestikulierend steht der unversehrte Fahrer neben seinem umgekippten Gefährt. Wir sind ganz froh, dass wir all seine Flüche nicht verstehen, überlassen ihn der Hilfe seiner Landsleute und fahren weiter. Hektische Lastwagen stehen in Galicien auf der Tagesordnung. Selbst bei zügiger Fahrweise wachsen LKW-Kühler im Rückspiegel zu ungeahnter Größe. Da hilft nur rechts fahren, großzügig vorbeiwinken. Der arme Kerl macht nur seinen Job und wir sind im Urlaub, also was soll's?

Was für ein Panorama! Aussichtspunkt an der Ria de Viveiro.

In Moaña, an der Bucht Ria de Vigo gelegen, direkt gegenüber des bedeutenden gleichnamigen Hafens Vigo, endet unsere Tagesetappe. Auf dem freundlichen Campingplatz finden wir schnell einen sehr schönen Platz für unser Zelt. Überhaupt ist es auch jetzt mitten in der Hauptsaison, im Hochsommer, nie ein Problem, eine Unterkunft in Galicien zu bekommen. Egal ob Zelt, Zimmer oder Hotel. Auch wenn schlimmstenfalls mal ein Haus komplett belegt ist, hat man spätestens im Nachbarhaus eine sichere Unterkunft.

Am Abend gehen wir zu Fuß zum Strand. Im Gepäck eine Flasche Wein, natürlich vom Ribeira Sacra, ein knuspriges spanisches Pan, das ist ein dem Baguette nicht unähnliches Weißbrot, und ein frischer milder Tetilla-Käse. Dazu natürlich noch spanische Oliven vom Markt, die scharfen, feurigen, im Öl schwimmend mit Peperoni und Knoblauch. Langsam wird es dunkel, im Wasser spiegeln sich die unzähligen Lichter der 300 000-Einwohner-Stadt Vigo auf der anderen Seite der Bucht.

Die elegant geschwungene Brücke über den Rio Miño in Ourense ist auch für Fußgänger ein Erlebnis.

Stilvoller und romantischer kann so ein Tag wohl kaum ausklingen.

Auf nach Baiona – ein Fest der Sinne!

Am nächsten Morgen bleibt unser Zelt stehen, wir brechen nach Süden auf. Es zieht uns nach Baiona. Am Hafenbecken lassen wir die Beine in die Tiefe baumeln. Gut 500 Jahre ist es her, da legte an genau dieser Stelle die Pinta an. Der Segler unter dem Kommando Christoph Kolumbus hatte die Kunde von der Entdeckung Amerikas im Gepäck. Alljährlich wird die Ankunft des Schoners am 1. März mit der Fiesta de la Arribada de la carabela Pinta (Fest der Ankunft des Segelschiffes Pinta) mit großem Aufwand gefeiert. Am Leuchtturm des Cabo Silleiro vorbei düsen wir die wunderschöne Küstenstraße herunter. Die C 550 führt zwischen den bis zu 650 Meter hohen Bergen der Küste und dem wild schäumenden Atlantik hindurch. Grauer Granit, teilweise mit leuchtend grünem Moos bewachsen, dazwischen knallgelb blühende Blumen, ein tief-

blaues Meer, das mit weißen Gischtfingern nach den Felsen greift, kreischende Möwen jagen durch die Luft, die vom salzigen Duft des Wassers erfüllt ist, diese Strecke ist ein Fest für alle Sinne. Immer wieder halten wir an, genießen die Aussicht oder kurven mit der fetten Enduro ein wenig auf ausgetrampelten Pfaden zwischen den Felsen herum. Selbst jetzt, samstags im Hochsommer, sind die Sandstrände zwischen den felsigen Abschnitten fast menschenleer. Bei Oia biegen wir kurz in die Berge ab. Steil steigt die Straße in Serpentinen in die Höhe. Oben angekommen genießen wir den kühlenden Wind und die fantastische Aussicht über die See.

In den südwestlichsten Zipfel Galiciens führt uns die Küstenstraße. Wir rollen durch das verfallen wirkende Hafengebiet von A Guardas, staunen über die dicken Dreimaster, die hier auf Reede liegen und restauriert werden. Unser Ziel ist Santa Tecla. Dort, in 350 Meter Höhe auf einem Berg, liegt eine freigelegte keltische Siedlung. Unsere Fahrt endet noch vor dem Berg an einer Schranke. Ganze 80 Cent pro Person wechseln den Besitzer, und

schon hebt sich der Schlagbaum und gibt den Weg frei für eine spannende, kurvenreiche Auffahrt. Nicht nur die Ruinen der runden keltischen Behausungen, zwischen denen wir herumklettern, sondern auch die Aussicht begeistern uns. Der gut 300 Kilometer lange Rio Miño hat hier einen beeindruckenden breiten Mündungstrichter geschaffen, durch den sein Wasser zwischen gelb leuchtenden Sandbänken hindurch in den Atlantik mäandert. Mitten durch den blauen Strom zieht eine kleine Fähre eine schnurgerade weiße Linie zum portugiesischen Ufer hinüber. Wir gönnen uns ein Eis, sitzen im Schatten einer hohen Steinmauer und können uns kaum losreißen von diesem tollen Panorama. Irgendwann finden wir dann doch wieder den Weg zurück, kommen einen zweites Mal in den Genuss der Küstenstraße, die ihre Attraktivität am späten Abend noch durch einen farbenfrohen Sonnenuntergang zu steigern weiß.

Wilder Kurvenspaß

Unseren Aufbruch am nächsten Morgen kombinieren wir mit einer Umrundung der Penin-

Die Hitze macht durstig – Boxenstopp im Fischerdorf auf der Peninsula de Morrazo.

sula de Morrazo, die eigentlich gar keine Insel, sondern eine Halbinsel ist. Das macht den Rundkurs aber kein bisschen unattraktiver. Am westlichsten Punkt, dem Cabo de Home, lockt eine Schotterpiste den Endurofahrer. Ein zentimeterdickes Sand-Kies-Gemisch auf der Piste oberhalb der steil abfallenden Küste sorgt für eine gewisse Spannung. Wer sich das mit seinem dicken Tourenschiff nicht antun möchte, kann in Hio die Gelegenheit nutzen, erste Erfahrungen im Quadfahren zu sammeln. Im Sommer werden dort direkt am Beginn der Piste geführte Touren angeboten. Wir bleiben unserem Zweirad treu, trauen uns auf die Rumpelstrecke, die uns bis an die Leuchttürme an das Ende des Cabos führt.

Von dort haben wir einen tollen Blick auf die Islas Cies. Die der Bucht Ria de Vigo vorgelagerten Inseln sind sicher einer der schönsten Naturparks Spaniens. Eine der Inseln ist für eine strikt begrenzte Zahl Besucher zugänglich. Ab Vigo und Cangas fahren täglich mehrere Schiffe auf die Insel hinaus. Wer möchte, kann nach Anmeldung sein Nachtlager auf dem Campingplatz des Eilandes aufschlagen. Zu Fuß lassen sich die Pinienwälder, die Felsen und die Leuchttürme erkunden und erwandern. Zum Entspannen geht es anschließend an die weißen Sandstrände. Auch vom weiteren Verlauf unserer Umrundung sind wir angetan. Auf festem Belag bietet die C 550 Kurvenspaß und Ausblicke bis zum Abwinken. Als wir fast schon glauben, dass das Fahrvergnügen

Hilfsbereit – die Guardia Civil hilft gerne bei der Orientierung.

GALICIEN UND DER JAKOBSWEG

Den Jacobsweg gibt es eigentlich gar nicht. Es handelt sich vielmehr um ein Geflecht zahlreicher Wege zum Grab des Apostels Jakobus in Santiago de Compostela. Aus ganz Europa führen die Verbindungen nach Galicien. In Spanien gibt es einen Hauptweg, den camino francés. Die Jakobsmuschel ist das Symbol der Wallfahrer, die sich durch die Pilgerfahrt Sündenerlass erhoffen. Entlang des Weges gibt es zahlreiche Einrichtungen zur Betreuung der Pilger, unter anderem Herbergen, Gasthäuser und Klöster. Die Pilgerfahrt erlebt in den letzten Jahren einen deutlichen Aufschwung. Im Jahr 2004 waren etwa 180 000 Menschen auf den Wegen unterwegs.

nicht mehr zu steigern ist, geraten wir auf die C 531. Die 62 Kilometer lange Traumstraße zwischen Pontevedra und A Cañiza gehört mit zu dem Schönsten, was wir auf der Iberischen Halbinsel bisher unter den Reifen hatten. Keine 100 Meter gerade am Stück, wie eine Achterbahn geht es bergauf und bergab, wir kippen nach links, nach rechts, kaum komme ich mit der Straße mit, einfach unglaublich, es macht Riesenspaß. Endlich am Straßenrand, ein Wasserfall stürzt aus den Felsen und verschwindet wieder in irgendwelchen Spalten. Wir nutzen die Gelegenheit, setzen uns in den kühlenden Sprühnebel, erholen uns von der Kurvenhatz. Wir haben noch nicht genug, machen wieder kehrt und düsen auf der einsamen Strecke zurück Richtung Pontevedra.

Schnell kommen wir über die gut ausgebaute N 550 nach Padron, biegen dort nach Nordwesten ab und fahren über kleine Nebenstraßen nach Muxia an die Küste. Zwischendurch bei Noia, wo der Rio Tambre ins Meer mündet, können wir dem verlockenden Sandstrand nicht widerstehen. Die schäumenden Wellen des Atlantiks erfrischen gut und sorgen wieder für einen kühlen Kopf. Etwas außerhalb von Muxia, Richtung Molinos, entdecken wir den Campingplatz Playa de Leis. Wir sind begeistert, das stufige Gelände liegt

direkt am Sandstrand. Unser Zelt steht schnell unter schattenspendenden Bäumen, Meerblick inklusive. Und als kostenlose Beigabe bekommen wir einen phänomenalen Sonnenuntergang, den wir aus unseren Logenplätzen in den umliegenden Felsen verfolgen.

Von der imposanten Todesküste Costa de la Muerte bis nach Santiago de Compostela

»Finis Terrae« – schon die Römer, die neben den Kelten und Germanen Galicien eroberten, nannten den westlichsten Punkt des europäischen Festlandes das »Ende der Welt«. Nicht das Ende der Welt, aber das dramatische Ende für viele Schiffe und ihre Besatzungen bedeutete die Küste zwischen dem Cabo Fisterra und der Inselgruppe Illas Sisargas. An der Costa de la Muerte, der Todesküste, zerschellten zahllose hilflose Fischerboote, von schweren Herbststürmen und der aufgepeitschten See in die Felsen getrieben. Noch heute erinnern steinerne Kreuze in den Felsen an die Seemänner, die nicht nach Hause zurückkehrten. Wir

sind unterwegs in diesem spannenden Abschnitt der galicischen Küste. Der Blick von den Höhenzügen der Küstenlandschaft ist einmalig. Zwischen den bedrohlichen, dunklen Felsen leuchten blendend weiße, menschenleere Sandstrände. Zwischen Macchia, Heide und dichten Nadelwäldern tauchen immer wieder graue Felslandschaften auf. Die schmalen, kaum befahrenen Straßen entlang der ins Meer hineinragenden Zacken des Festlandes enden immer wieder in einsamen Buchten. Bei Lires stehen wir mit unserer GS hoch oben auf den Felsen, sehen auf einen mindestens zwei Kilometer langen einsamen Strand hinunter, gegen den das türkisfarbene Meer mit seinen weißen Wellen anrollt. Keine Postkarte könnte diese an die Karibik erinnernde Romantik besser abbilden. Tagelang könnten wir mit unserer BMW an diesem Küstenabschnitt herumkurven. Das Hinterland mit seinen kleinen Dörfern ist nicht weniger reizvoll als die imposante Küste, an der die mächtigen Leuchttürme zwischen rot glühenden Felsen auf das Meer hinausstrahlen.

Richtig Schotter – die Piste oberhalb des Atlantik am Cabo de Home.

Rechter Hand steigen graue Felsen hoch, gespickt mit dichten Büscheln der allgegenwärtigen dunkelgrünen Macchia. Kaum ein Mensch kommt uns auf dieser Strecke entgegen, höchstens mal ein knatterndes Moped. Ein Einheimischer auf dem Weg zum garantiert besten Angelplatz, die lange Angelrute über der Schulter, eine Zigarette zwischen den Lippen, eine Hand zum Gruß in der Luft. Bei Arou entdecken wir einen echten kleinen Traumstrand. Wenige kleine Fischerhäuschen stehen dicht gedrängt an einem Sandstrand, der weißer nicht sein könnte. Ein paar vorgelagerte Felsen schützen die ruhig dahindümpelnden Boote der Fischer vor dem Ungemach des offenen Meeres. Feinster Sand, blitzsauberes Wasser, ein strahlend blauer Himmel, bunte Boote und das alles nur für uns, unglaublich.

Steinerne Kreuze am Punta Roncudo erinnern an die Opfer der Todesküste.

Zum Abschied an diese Region gönnen wir uns schließlich die schönste Teilstrecke der zur Provinz La Coruña gehörenden Todesküste. Am Cabo Vilán geht es los. In großem Bogen über das Cabo Tosto und das Cabo Veo führt eine Schotterstrecke direkt am Meer entlang nach Arou. Links von uns liegt das Meer, dunkelblau kräuselt sich die Oberfläche, dazwischen ab und an kleine weiße Schaumkronen. Den Übergang zum Land markieren ockerfarbene Felsen, bewachsen mit gelben Flechten.

Welch ein Kontrast keine 24 Stunden später, wir sind von Menschenmengen umgeben. Dicht an dicht drängen wir uns durch die kleinen, engen Gassen von Santiago de Compostela, Sitz des Erzbistums, des galicischen Parlaments und die einzige Universitätsstadt Galiciens. Nach der Entdeckung des Grabes des Apostel Jakobus entwickelte sich die Stadt schnell zu einem bedeutenden Zentrum der christlichen Religion. Das bedeutendste Denkmal, die Kathedrale, steht inmitten der von der UNESCO zum Weltkulturerbe erklärten Alt-

Einfach schön – abendliche Gasse in Viveiro.

stadt. Zahlreiche andere Sehenswürdigkeiten lassen sich bei einem Gang durch die Altstadt erkunden. Wir überlegen kurz, ob wir uns im Parador Dos Reis Catolicos ein Zimmer nehmen sollen. Ursprünglich ein Gästehaus für Pilger, gilt das Haus heute als das älteste Hotel der Welt. Ein Blick auf die Preisliste lässt uns dann doch von dem Plan Abstand nehmen. Am Nachmittag schwingen wir uns wieder auf die GS und verlassen Santiago de Compostela in Richtung der vierten Provinz Galiciens, Lugo.

Monte Castelo

Viveiro, ein sympathisches Städtchen an der galicischen Nordküste. Am vergangenen Abend bauten wir noch schnell unser Zelt auf dem Stadt-Campingplatz auf und machten uns zu Fuß in das Zentrum auf. Herrschte gegen acht Uhr abends noch gähnende Leere in den Gassen, füllte sich ab neun Uhr schlagartig die Innenstadt. Erst jetzt schleppten die Kneipenbesitzer ihre Stehtische nach draußen, die ersten Einheimischen verließen ihre Häuser. Auf improvisierten Bühnen inmitten der Altstadt begannen Musikgruppen zu spielen, eine tolle Stimmung. Entsprechend schwer fällt uns heute Morgen das Aufstehen. Nach dem Frühstück verlassen wir Viveiro in Richtung Süden.

Nach wenigen Kilometern weckt ein kleines Schild bei Landrove unsere Neugier. »Ruta Monte Castelo« steht auf dem Wegweiser, der einen breiten Waldweg ausweist. Kurzerhand biegen wir ab und werden mit einer tollen Strecke belohnt. Zwischen mächtigen Felsbrocken und Eukalyptusbäumen hindurch erklimmen wir mit der BMW den Monte Castelo. Erstaunliche Felsformationen und eine traumhafte Streckenführung begeistern uns. In 340 Metern Höhe, am Ende des Waldweges erreichen wir die kleine Kapelle Ermita de San Martiño. Hier bietet sich uns ein fantastisches Panorama über die Bucht von Viveiro mit der Mündung des Rio Landro. Wir sitzen lange auf den Felsen vor der Kapelle und lassen das tolle Bild auf uns wirken. Wie so oft in Galicien haben wir auch hier das Gefühl, die einzigen Reisenden weit und breit zu sein. Die Küste entlang machen wir noch einen Abstecher

über Ortigueira nach Cedeira. Auf dem Rückweg durch das Tal des Rio Sor bekommen wir unsere ersten galicischen Regentropfen ab. Kleine Weiler, die teilweise nur aus zwei, drei Häusern bestehen, weisen uns den Weg zurück nach Viveiro. Als wir dort dank GoreTex relativ trocken wieder ankommen, zeigen sich schon wieder die ersten Sonnenstrahlen.

Über Lugo führt uns die letzte Etappe unserer Galicientour wieder nach Ourense, wo unsere Rundreise begann. Entlang des Rio Lor, quer durch die Sierra del Courel, folgen wir den kurvigen Nebenstrecken, teilweise in über 1 000 Meter Höhe. Grünes Land, mit Kastanien und Korkeichen dicht bewachsene Berge, quer durch die westlichen Ausläufer der Kantabrischen Kordilleren gelangen wir wieder an den Rio Sil, der dort noch immer still in seinem Bett ruht.

Lugo besticht nicht nur durch sein stimmungsvolles Nachtleben.

ALLGEMEINES

Die autonome Region Galicien im Nordwesten Spaniens ist knapp 30 000 Quadratkilometer groß, das sind etwa 6 Prozent der Gesamtfläche Spaniens. Mit rund 100 Einwohnern pro Quadratkilometer liegt die Bevölkerungsdichte weit über dem spanischen Durchschnitt. Galiciens Hauptstadt ist Santiago de Compostela. Hohe Bergketten grenzen Galicien vom Rest Spaniens ab, mehr als die Hälfte der Region liegt höher als 400 Meter. Durch den zerklüfteten Verlauf der Küste beherbergt Galicien etwa ein Drittel der gesamten spanischen Küstenlänge. An den Rías Altas, den fjordähnlichen Flussmündungen im Norden, finden sich die höchsten Klippen des europäischen Festlandes. Bei Cedeira erreichen sie eine Höhe von über 600 Metern. Weite Teile Galiciens werden durch eindrucksvolle Gebirge und weitläufige Wälder geprägt.

KLIMA UND REISEZEIT

Der Atlantik prägt das milde, aber feuchte Klima Galiciens. Milde Winter mit ergiebigen Niederschlägen wechseln sich mit angenehmen Temperaturen im Sommer ab. Der Nordwesten der Region gilt als das regenreichste Gebiet Spaniens. In Richtung Südosten nehmen die Niederschläge deutlich ab. Generell lässt sich sagen, dass das Klima Galiciens eher Assoziationen mit Irland oder Schottland weckt, als mit den gemeinhin bekannten Vorstellungen über den hitzebrütenden spanischen Sommer. Die beste Reisezeit sind Frühjahr und Sommer. Dennoch sollte auch dann ein Regenkombi immer im Gepäck sein.

MOTORRADFAHREN

Im Nordwesten Spaniens kommt jeder Motorradfahrer auf seine Kosten. Die Schotterpisten entlang der Todesküste und jede Menge unbefestigte Pisten im Landesinneren sind legal befahrbar und laden Endurofahrer zu spannenden Einlagen ein. Tourenfahrer gleiten auf den unterschiedlichsten Straßen auf Entdeckungstouren durch eine fantastische, abwechslungsreiche Landschaft. Auch die sportliche Fraktion wird auf den kurvenreichen Strecken Galiciens ihren Spaß haben. Auf den mit EU-Mitteln teilweise großzügig überarbeiteten schnellen und griffigen Landstraßen lassen sich Kniepads fachgerecht abschmirgeln.

SEHENSWERTES

Landschaftliches Highlight ist die Costa de la Muerte, die Todesküste, zwischen dem Cabo Fisterra und der Inselgruppe Illas Sisargas. Diese Ecke ist ein Muss für Galicienreisende, nirgendwo sonst hat uns die spanische Küste so begeistert. Einsame Sandstrände, türkisblaues Meer und schroffe Felsformationen lassen echtes Robinson-Crusoe-Feeling aufkommen. Unbedingt sehenswert ist auch das Ribeira Sacra, das »heilige Ufer« des Rio Sil, und die gebirgige Landschaft der Sierra del Courel. Neben der Altstadt Santiago de Compostelas haben uns Viveiro und Ourense sehr gut gefallen.

ESSEN UND TRINKEN

Einen traditionell guten Ruf haben galicische Meeresfrüchte. Die eher einfachen Rezepte heben den guten Geschmack der Krabben, Krebse und Muscheln hervor. Seehecht auf galicische Art (merluza a la gallega) und die verschiedenen leckeren Tintenfisch(pulpo)-Gerichte sollten wenigstens einmal auf der Speisekarte stehen. Die Galicier verstehen sich auf schmackhafte Suppengerichte und Eintöpfe. Empanadas, gefüllte Teigtaschen, sollte man sich ebenso wie die Torten, Biskuitrollen und filloas blancas (Crêpes) nicht entgehen lassen. Außerdem hat uns der milde, cremige queso tetilla, ein feiner galicischer Käse, begeistert.

UNTERKUNFT

Herausragend sind die Parador-Hotels, meist in kunsthistorischen Gebäuden gelegen. So gilt beispielsweise das Parador in Santiago de Compostela, das Hostal dos Reis Católicos direkt neben der Kathedrale, als das älteste Hotel der Welt. Das Parador von Pontevedra ist im Renaissancepalast aus dem 16. Jahrhundert untergebracht. Wer es lieber bodenständiger mag, für den stehen in nahezu jedem Ort Zimmer oder Gasthöfe zur Verfügung. In Hostals übernachtet man gut und günstig. Interessant ist der »Agrotourismo« Bauernhöfe auf dem Land bieten preiswerte Zimmer an, während der Landbetrieb weiter geht. Galicien besitzt über 100 Campingplätze, das Angebot an der Küste ist sehr groß. Im Inland sind die Anlagen rarer gesät.

KARTEN

Für Anreise und Überblick über die Iberische Halbinsel sei die Michelin Karte Spanien, Portugal im Maßstab 1:1000 000, ISBN 2-06-710472-1 empfohlen. Für die Tour eignet sich Michelin, Galicien, 1:400 000, ISBN 2-06-100886-0. Diese Karte be inhaltet auch Stadtpläne für Santiago de Compostela, La Coruña, Lugo Ourense, Pontevedra und Vigo.

ADRESSEN UND INTERNET

Die galicische Regierung bietet au der Seite www.turgalicia.es ausführli che Informationen auch in deutsche Sprache. Hier können mehrspra chige, liebevoll gemachte Broschü ren heruntergeladen werder Besonders interessant sind die stet aktuellen regionalen Veranstaltungs

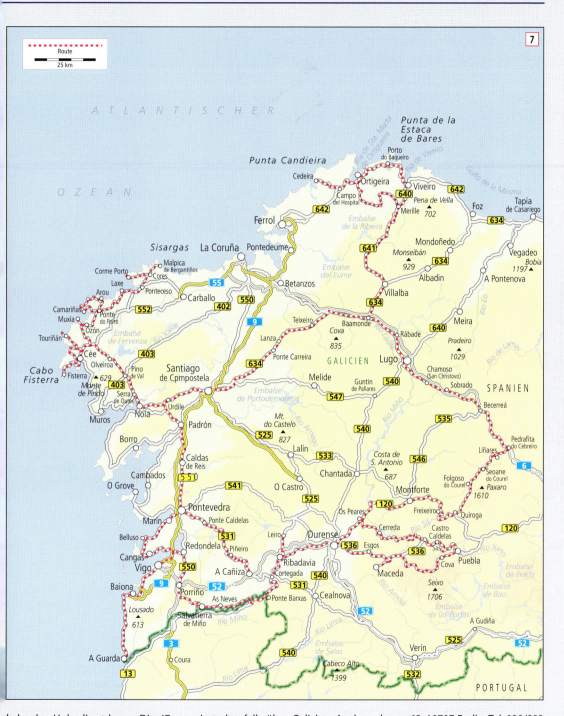

kalender. Unbedingt lesen: Die 47-seitige Pressemitteilung mit jeder Menge Hintergrundwissen. Die offizielle Seite des spanischen Tourismusinstitutes www.spain.info informiert ebenfalls über Galicien. Auch auf dieser Seite werden Unterkünfte und Veranstaltungen vorgestellt. Ansprechpartner ist das Spanische Fremdenverkehrsamt, Kurfürstendamm 63, 10707 Berlin, Tel. 030/882 65 43. Eine rein private, aber professionell gemachte Internetseite mit viel besuchtem Spanienforum ist www.frantasia.de.

Die Hauptstadt Kataloniens – eine einzige Sehens- würdigkeit

TOUR 8 BARCELONA

Das Motorrad auch mal stehen lassen – der einzigartige Flair der schillernden Weltstadt Barcelona erschließt sich am besten per Bus und per pedes.

Welch ein Panorama! Kiki und ich sitzen auf einer bequemen Bank unter Palmen, die Beine lang ausgestreckt. Im Gesicht wärmen die Strahlen der Januarsonne. Unter dem strahlend blauen, mit kleinen Federwölkchen bestückten Himmel dümpeln schneeweiße Yachten in den Wellen. Ein Jogger spurtet an uns vorbei und erschreckt die schläfrigen Möwen an der Kaimauer. Ruhe und Beschaulichkeit liegen über der Szenerie. Wir sitzen aber nicht etwa an irgendeinem Provinzhafen, sondern mitten in der Metropole Barcelona, direkt in der Nähe des Zentrums dieser 1,6-Millionen-Stadt. Dass hier vom Frühjahr bis zum Herbst mehr los ist, können wir uns gut vorstellen. Jetzt im Winter schaltet die Stadt einen Gang zurück. Der ideale Ort für uns, um auf dem Weg in den Süden,

auf der Flucht vor dem ungemütlichen heimatlichen Winterwetter, einen längeren Stopp einzulegen.

Unser Wohnmobil steht auf dem ansprechenden Campingplatz Vilanova Park in Vilanova i la Geltrú, zwanzig Motorrad-Minuten südlich von Barcelona. Nach dem leckeren Frühstück im platzeigenen Restaurant laden wir zügig unsere BMW vom Anhänger. Über die gut ausgebaute und ausgeschilderte Schnellstraße erreichen wir ruckzuck den großen Kreisverkehr am Placa del Portal de la Pau. In Sichtweite des riesigen Mirador de Colom, des Kolumbusdenkmals, parken wir die GS zwischen unzähligen anderen Zweirädern, schlendern zum nahe gelegenen Hafenbecken und genießen erst mal die wärmenden Sonnenstrahlen.

Vorangehende Doppelseite: Auf Barcelonas Ramblas lässt man das Motorrad am besten stehen und stürzt sich zu Fuß in den Trubel.

Kontrastprogramm zur quirligen Innenstadt – Barcelonas Hafenpromenade.

Irgendwann überwiegt dann doch die Neugier. Am Moll de Barcelona, dem Kai, an dem die beliebten Ausflugsboote – die Golondrinas – ihre Hafenrundfahrt starten, stöbern wir durch die Flohmarktstände. Blechspielzeug, alte Münzen, Schmuck, Bücher, Schallplatten, jede Menge Interessantes und Skurriles findet sich auf den Tischen der Händler. Einer hat sich auf die Beatles spezialisiert, ein anderer auf Orden und Uniformen. Ich kaufe mir eine fette kubanische Zigarre.

Bummeln auf der Rambla

Vorbei am Kolumbusdenkmal stoßen wir dann auf Barcelonas ganz besondere Straße, auf die Mischung aus Fußgängerzone, Flaniermeile und Hauptverkehrsader, auf die Rambla. Hier wird gebummelt, geguckt, gekauft, man sitzt im Straßencafé in der Sonne, bestaunt die fantasievollen Verkleidungen der Straßenkünstler, die als lebende Standbilder regungslos verharren. Da steht Fidel Castro mit einem Ölfass als Spardose neben Don Quijote, dem Ritter von der traurigen Gestalt, während 50 Meter weiter die schöne Kleopatra posiert. Am Zeitungskiosk wird lautstark diskutiert, Hütchenspieler versuchen, den Passanten ein paar Euro aus den Taschen zu ziehen.

Kunstvolle Blumengestecke und buntblühende Sträuße wechseln die Besitzer. Rechts und links dieser quirligen, bunten Mischung braust der Verkehr. Busse quetschen sich zwischen Hunderten von geparkten Rollern hindurch, Autofahrer fluchen lautstark durch das offene Fenster über ihren Vordermann. Wir sind begeistert von der Atmosphäre unter dem dichten Platanendach und gönnen uns zwei katalanische Kaffees auf klapprigen Stühlen und einem wackeligen Tisch. Die astronomisch hohe Investition nehmen wir bei dem unterhaltsamen Rahmenprogramm gerne in Kauf.

Etwa in der Mitte der Rambla lockt uns die große Markthalle Mercat de la Boqueria. Ein Anhänger am Motorrad wäre nötig, um all die leckeren Sachen unterzubringen, die wir dort entdecken und am liebsten mitnehmen würden. Baskische Wurst- und Käsespezialitäten, frisches Obst, würzige Oliven, Gewürze aus aller Welt und der eine oder andere leckere

Besser als das Original – Revoluzzer auf den Ramblas.

Tropfen werden in dem seit 1835 bestehenden Markt angeboten.

Mal eine Abwechslung: Stadterkundung mit dem Bus

Am Ende der 1400 Meter langen Rambla, am Placa de Catalunya, gelangen wir an eine der praktischsten Einrichtungen für Barcelona-Besucher, die City-Tour. Es gibt kaum eine angenehmere Möglichkeit, Kataloniens Hauptstadt zu erkunden, als mit den offenen Doppeldecker-Bussen. Auf einem über dreistündigen Rundkurs fahren die Busse über 20 Haltepunkte an den bedeutendsten Sehens-

BARCELONA AUS DER LUFT

Wer schon immer mal höher hinauswollte, kann das in Barcelona tun. Im Hafen, am Moll Adossat, befindet sich der Heliport. Für ca. 80 Euro pro Person startet der Hubschrauber zu einem gut zehnminütigem Rundflug über die Stadt. Der Heliport wird auch von den Bussen der City-Tour angefahren. Infos bei Cathelicopters, 00 34 / 9 32 24 07 10 oder im Internet unter www.cathelicopters.com

Zentrale Begegnungsstätte – der Placa de Catalunya.

Rechte Seite: An Gaudís berühmtestem Werk, der Sagrada Familia, wird seit 1882 gebaut. Ein Ende der Arbeiten ist nicht in Sicht.

Immer im Kreis herum – der Placa del Portal de la Pau mit dem Kolumbusdenkmal.

würdigkeiten Barcelonas an. An jeder der Haltestellen können die Passagiere beliebig ein- und aussteigen. Ein Kopfhörer ist im Preis inbegriffen, während der Fahrt wird allerlei Wissenswertes in acht Sprachen vermittelt. Dazu gibt es noch einen Stadtplan und einige Vergünstigungen in verschiedenen Restaurants. Wir genießen die Fahrt im offenen Bus, lassen uns den kühlen Fahrtwind um die Ohren wehen. Mit dem Finger verfolgen wir die Strecke auf dem Stadtplan und merken uns die eine oder andere Ecke Barcelonas für einen späteren Besuch. Die vielen Parks, an denen wir vorbeifahren, die detailreichen, teilweise skurrilen Fassaden, die märchenhafte Sagrada Familia, die bis heute unvollendete Kirche, deren Bau Antoni Gaudí 1882 begann, ganz Barcelona erscheint uns wie ein riesiges Freilichtmuseum.

Wir verlassen den Bus am Parc Güell, wollen uns in der Anlage ein wenig die Füße vertreten. Schon der Eingang mit dem verwunschen

So schön kann shop-pen sein – Geschäft in der abendlichen Altstadt.

Die Qual der Wahl – auf dem Flohmarkt am Hafen findet jeder etwas (Bild rechts).

wirkenden Pavillon fasziniert uns. Das 60 Hektar große, von Gaudí gestaltete Gelände verblüfft uns auf Schritt und Tritt. Die urige Säulenhalle, die bunte Schlangenbank, die große Aussichtsplattform mit dem traumhaften Blick über die ganze Stadt, einen ganzen Tag könnten wir hier locker verbringen, es würde nie langweilig. In einem vom Künstler selbst errichteten und bewohnten Gebäude ist das Gaudí-Museum untergebracht. Besucher können sich hier selber ein Bild vom Wirken und Schaffen des genialen Künstlers machen.

An der Haltestelle 5 springen wir wieder auf den Bus auf, lassen uns zurück in Richtung Küste schaukeln. Hoch über der Stadt auf dem Berg Montjuic passiert unser Frischlufttaxi das olympische Gelände. Auch von hier ist der Blick über die Millionenstadt ungemein eindrucksvoll, aber die mit Abstand beeindruckendste Perspektive bietet die Seilbahn. Bei der Bergstation auf dem Montjuïc steigen wir in die große Kabine und drücken uns auf der Fahrt nach unten die Nasen an der Scheibe platt. Wie ein Ameisenhaufen wirkt die Stadt unter uns. Wir überqueren das Hafenbecken und halten zu einem kurzen Zwischenstopp auf dem Aussichtsturm an der Moll de Barcelona. Wir steigen aus, sehen uns den Hafen von

oben an. Die Strandpromenade, das World Trade Center und der Stadtstrand liegen zu unseren Füßen. Mit der nächsten Kabine fahren wir dann zur Endstation, dem Torre de San Sebastià. Nach einem Fußmarsch durch das Viertel Barceloneta und seine engen, schmalen Gassen erreichen wir entlang der Strandpromenade auch bald wieder unser Zweirad.

Paella und Wein – darf's sonst noch was sein?

Langsam steht uns der Sinn nach Abendessen. Wer als Tourist in Barcelona hungert, ist selber schuld. Die Auswahl an Restaurants, Tapa-Bars, Steakhäusern, Pizzerias ist riesig. Auf dem Campingplatz bekamen wir einen Tipp. Das Restaurant Can Ros in der Carrer de l'Almirall Aixada 7 sei sehr gut, nicht zu teuer, biete eine hervorragende Auswahl an Tapas und sei vor allem wegen seiner leckeren Paella bekannt. Also los, wir schwingen uns auf die GS, rollen die Rambla entlang, biegen am Ende auf die Ronda de Sant Pere ab.

Direkt am Rand des interessanten Bezirks Barri Gòtic finden wir gleich die richtige Adresse und werden nicht enttäuscht. Ein mächtiger frischer Salat als Vorspeise und eine der schmackhaften Paellas mit Meeresfrüchten, dazu ein frischer Rosé, eine Crema Catalana und einen starken Kaffee als Nachtisch, einfach perfekt.

Es ist schon spät am Abend, als wir mit dicken Bäuchen das Can Ros verlassen. Ein bisschen wollen wir noch durch die Stadt bummeln. Was bietet sich da besser an, als das historische Barri Gòtic. Rund um die mächtige Kathedrale liegt der mittelalterliche Kern Barcelonas. Kleine schmale Gassen, enge Durchlässe, verwinkelte Wege führen durch ein unüberschaubares Labyrinth. Hell beleuchtete Läden mit interessanten Schaufenstern wechseln sich mit dunklen, finsteren Ecken ab. Auf einem kleinen Platz verkaufen Künstler ihre auf Staffeleien ausgestellten Bilder, Straßenmusiker sorgen für den einen oder anderen kleinen Auflauf. Nur wenige Minuten, dann haben wir in dem Gewirr die Orientierung verloren. Egal, wir lassen uns einfach treiben, biegen mal links und mal rechts ab, eben da entlang, wo es etwas zu entdecken gibt. Irgendwie schaffen wir es auch tatsächlich, die Kathedrale zu finden. Auf dem Vorplatz treffen sich im Sommer sonntags gegen zwölf Uhr mittags viele Spanier zum Sardanas, dem katalanischen Volkstanz.

Jetzt ist es ein wenig ruhiger, obwohl auch um diese Zeit immer noch viele Menschen unterwegs sind. Ich krame meinen zerknüllten Stadtplan aus der Tasche und nach zwei, drei Anläufen finden wir tatsächlich zu unserer BMW zurück. Im nächtlichen Verkehr sind wir dann recht schnell wieder auf dem Weg zurück nach Vilanova i la Geltrú, wo unser Bett auf uns wartet. Mit Sicherheit war das nicht unser letzter Besuch in der Hauptstadt Kataloniens. Sicher ist auch, das wir dann mehr als nur einen Tag einplanen, um diese quirlige, Metropole genauer kennen zu lernen.

In der Altstadt nahe der Kathedrale verkaufen Künstler ihre Werke.

ALLGEMEINES

Barcelona ist die Hauptstadt Kataloniens und mit 1,6 Millionen Einwohnern die zweitgrößte Stadt Spaniens. Mit den Bewohnern der Außenbezirke steigt die Einwohnerzahl auf über drei Millionen. Die Universitätsstadt ist etwa 2000 Jahre alt. Die Römer erweiterten die bereits bestehende Siedlung, deren Zentrum dort lag, wo heute die Kathedrale steht. Reste der römischen Stadtmauern bestehen noch heute. Vorübergehend war Barcelona die Hauptstadt des gotischen Reiches, danach wurde sie maurisch. Ludwig der Fromme eroberte sie 801 wieder zurück. Spuren der bewegten Vergangenheit lassen sich in der ganzen Stadt entdecken.

KLIMA UND REISEZEIT

Barcelonas Klima ist recht mild. Selbst im Winter sinken die Durchschnittstemperaturen nicht unter 10 Grad. Schon ab April steigen sie über 16 Grad. Der August kann sehr schwül und heiß werden, oft ist es dann dauerhaft über 30 Grad. Die ideale Reisezeit sind Frühjahr und Herbst, dann sind die Temperaturen erträglich und die Stadt nicht zu überfüllt. Auch der Winter ist relativ trocken, es gibt viele angenehm son-

Schick in Schale – die Garnele Cobi, das Maskottchen der Olympiade 1992.

nige Tage. Für die kühlen Abendstunden sollte dann aber warme Kleidung im Gepäck sein.

MOTORRADFAHREN

Barcelona erlebt man am intensivsten zu Fuß oder mit Bus und Metro. Dennoch hat das Motorradfahren seinen besonderen Reiz. Eine Fahrt auf den Montjuic hoch über die beleuchtete Stadt oder eine Tour über die Avenida Diagonal ist besonders abends im Dunkeln eine besondere Erfahrung. Allerdings sollte man es nicht eilig haben und mit dem Verkehr mitschwimmen. Ein besonderes Augenmerk sollte dabei den Rollerfahrern und ihrer lebensverneinenden Fahrweise gelten. Für Schifffahrtinteressierte ist eine Tour durch das riesige Hafengelände ein besonderer Genuss.

SEHENSWERTES

Ganz Barcelona ist eine einzige Sehenswürdigkeit. Uns haben die Ramblas, die vielen Parks, der Montjuïc und die Hafenpromenade besonders gut gefallen. Die interessanten und historischen Bauwerke der Stadt und die große Zahl an Museen bieten Entdeckertouren für jeden Geschmack. Unbedingt sehenswert ist auch die Avinguda de la

Posen fürs Publikum – lebendige Statuen auf den Ramblas.

Reina Maria Cristina mit dem Palau Nacional, dem für die Weltausstellung 1929 erbauten Nationalpalast.

ESSEN UND TRINKEN

Barcelona ist für seine guten Restaurants und Bars bekannt. Wer frische Meeresfrüchte und Fischgerichte liebt, findet im alten Fischerviertel Barceloneta interessante Fischrestaurants. In den kleinen Gassen des Barri Gòtic lockt eine bunte Mischung von Restaurants aller Art. Entlang der Rambla und der Avenida Diagonal gibt es unzählige Tapa-Bars. Viele Restaurants bieten kostengünstig das Menu del Dia. Zwei Gänge, Nachtisch und Kaffee sind dabei üblich. Zum Frühstück unbedingt die leckeren churros probieren, Zimtkringel, die in Schokolade getunkt werden. Zu Abend wird meist sehr spät gegessen, viele Küchen öffnen erst ab 21 Uhr.

UNTERKUNFT

Neben einer großen Anzahl Hotels bieten sich in Barcelona auch so genannte Aparthotels an. Das sind kleine Apartments innerhalb eines Hotels. Besonders für kleine Gruppen ist das eine günstige Alternative. Ebenfalls beliebt sind Hostals, die deutlich preiswerter als Hotels mit

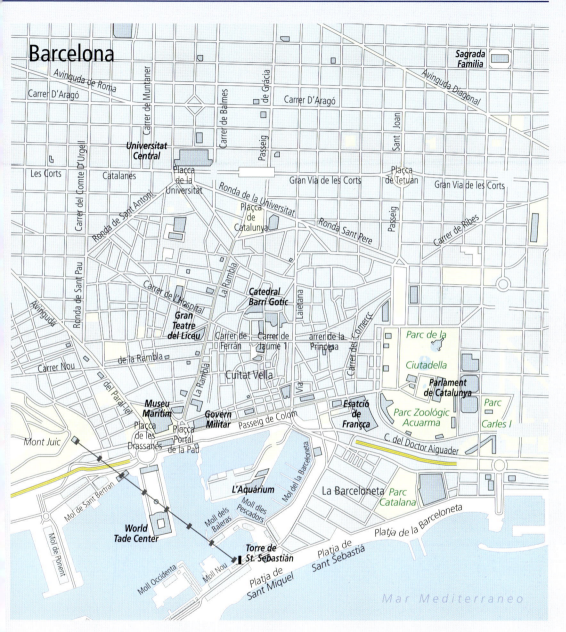

Barcelona

Avinguda de Roma
Carrer D'Aragó
Avinguda de Roma
Carrer de Muntaner
de Gràcia
Carrer D'Aragó
Avinguda Diagonal
Sagrada Familia
Carrer de Balmes
Sant Joan
Universitat Central
Carrer del Comte D'Urgell
Carrer de Sant Antoni
Passeig
Les Corts
Catalanes
Plaçca de la Universitat
Plaçca de Tetuan
Gran Via de les Corts
Gran Via de les Corts
Ronda de la Universitat
Ronda de Sant Antoni
Plaçca de la Universitat
Plaçca de Catalunya
Ronda Sant Pere
Passeig
Carrer de Ribes
Ronda de Sant Pau
La Rambla
Carrer de l'Hospital
Laietana
Carrer de Ribes
Avinguda
Catedral Barri Gotic
Gran Teatre del Liceu
Carrer de Ferran
Carrer de Jaume 1
arrer de la Princesa
Carrer del Comerç
Parc de la Ciutadella
Carrer Nou
de la Rambla
La Rambla
Ciutat Vella
Via
Parlament de Catalunya
del Paral·lel
Museu Maritim
Govern Militar
Passeig de Colom
Esatció de França
Parc Zoológic Acuarma
Parc Carles I
Plaçca de les Drassanes
Plaçca Portal de la Pau
C. del Doctor Aiguader
Mont Juic
L'Aquárium
La Barceloneta
Parc Catalana
Moll de la Barceloneta
Moll de Sant Bertran
Moll dies Pescadors
Moll dels Baleras
World Tade Center
Torre de St. Sebastián
Platja de la Barceloneta
Moll de Ponent
Moll Occidenta
Moll Nou
Platja de Sant Miquel
Platja de Sant Sebastiá
Mar Mediterraneo

vergleichbarer Ausstattung sind. Die Hostals sind meist kleine Familienbetriebe, dementsprechend freundlich ist die Atmosphäre. Das Informationsbüro für Touristen am Placa Catalunya hilft bei allen Fragen zur Unterkunft gerne und kompetent weiter, vermittelt und ist auch telefonisch unter 00 34/9 33 04 31 35 zu erreichen.

KARTEN

Die Karte von Michelin, Katalonien, Aragón, Andorra, 1:400 000, ist hilfreich bei der Anreise und beinhaltet auch einen Stadtplan von Barcelona, ISBN 2-06-100763-5. Einen brauchbaren Stadtplan gibt es auch gratis bei den Bussen der City-Tour und im Tourist-Informationsbüro am Placa Catalunya.

ADRESSEN UND INTERNET

www.barcelona.de, www.spain.info und www.urlaube.info informieren über Barcelona. Wissenswertes über Barcelona lässt sich im Forum der privaten Seite www.frantasia.de in Erfahrung bringen. Telefonische und schriftliche Anfragen: Span. Fremdenverkehrsamt, Kurfürstendamm 63, 10707 Berlin, Tel. 0 30/8 82 65 43.

Balsam für die Seele

Auf einsamen Pässen und Pisten durch die Gebirgstäler einer unbekannten Region

TOUR 9 NAVARRA

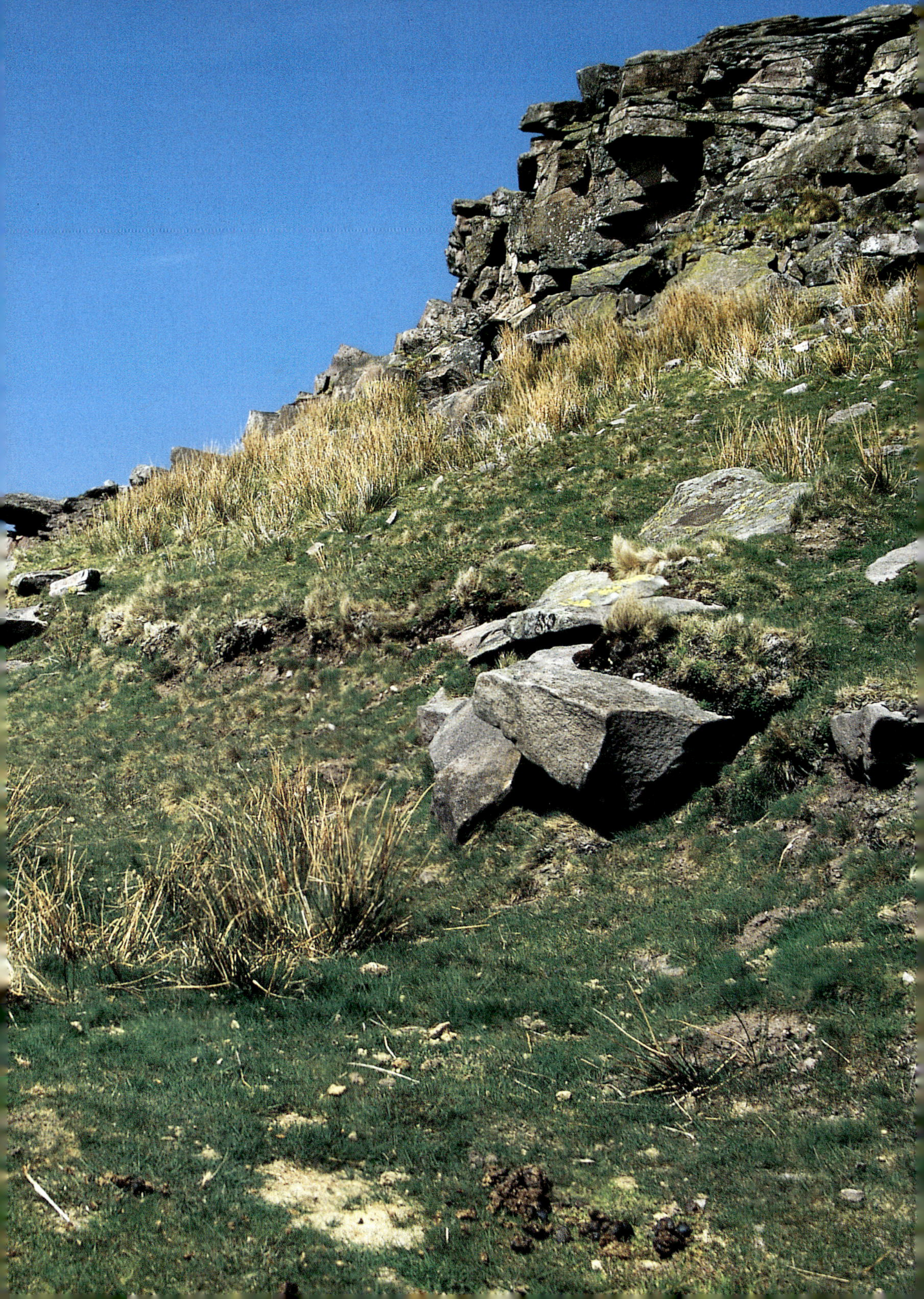

Unmissverständlich ist das Zeichen: ernster Blick, hoch erhobene Rechte. Der Uniformierte steht mitten auf der Straße. Mit der linken Hand winkt er uns an den Straßenrand. Wir halten zwischen mehreren Autos, auf denen in großen Buchstaben »Guardia Civil« prangt. Keine hundert Meter auf spanischem Boden haben wir hinter uns, eben passierten wir die französisch-spanische Grenze. Gleich zwei Polizisten bauen sich neben uns auf. »Pasaporte, por favor!« Kein Problem, wir fischen unsere Ausweise aus den Taschen, reichen sie rüber. Die Gesichtskontrolle fällt kurz aus, es gibt nicht viel zu sehen unter unseren Helmen. Ein kurzer Blick auf das Nummernschild, dann bekommen wir die Papiere zurück. Ein knappes Nicken, wir sind entlassen.

Warum wir nun eigentlich gleich hinter der Grenze kontrolliert wurden, obwohl auch für Spanien im März 1995 das Protokoll zum Schengener Abkommen in Kraft trat, hat uns der Polizist nicht erklärt. Es wird aber nicht die einzige Kontrolle bleiben, in die wir auf unse-

rer Tour durch die spanische Provinz Navarra geraten. Sie gehören auch heute noch zum Alltag im spanischen Baskenland. Der jahrzehntelange Konflikt um die Unabhängigkeit der Basken ist bis heute nicht beendet. Zum ehemals im 10. Jahrhundert existierenden selbstständigen baskischen Reich gehörten die heutigen baskischen Regionen in Spanien und Frankreich und die heute relativ unbekannte spanische autonome Region und Provinz Navarra. Dieses Navarra, gerade mal 10 000 Quadratkilometer groß, ist unser Ziel.

Strand & Berge

Doch bevor wir in die bergigen Gegenden Navarras aufsteigen, statten wir dem Golf von Biskaya noch einen Besuch ab. Am Cabo Higer, der sandigen Landzunge in der Kantabrischen See, gleich hinter der Grenze, parken wir unsere BMW im Schatten des Leuchtturms und gönnen uns einen erholsamen Strandspaziergang. Nach der langen Anreise quer durch Frankreich freuen sich unsere Motorradfahrerbeine über die willkommene Abwechslung.

Vorangehende Doppelseite: Hier schlägt das Herz des Endurofahrers höher – einsame Piste in der Sierra de Arrigorrieta.

Die Pyrenäen in Navarra, das sind Kurven bis zum Abwinken.

Der gelungene Sonnenuntergang krönt unseren Ausflug. In der Pensión Los Fronterizos in Irun bekommen wir noch ein gemütliches Zimmer.

Am nächsten Morgen starten wir dann nach einem kräftigenden Frühstück endlich in die ersehnten Berge. Entlang des Rio Bidasoa überfahren wir Navarras Grenze, um wenige Kilometer hinter Vera de Bidasoa gleich wieder französischen Asphalt unter die Räder zu nehmen. 15 Kilometer später wechseln wir wieder nach Spanien. Eine Pyrenäentour durch Navarra ist eine Grenzerfahrung. Viele der spannenden Bergstrecken führen über die Landesgrenze. In Dancharia, wo wir wieder nach Spanien hinüberwollen, herrscht reger Trubel. Die günstigen Einkaufsmöglichkeiten in dem Grenzort locken viele Ausflügler. Wir flüchten vor den Massen und steuern den 600 Meter hohen Puerto de Otxondo an. Mitten auf dem Pass zweigt eine schmale Straße ab. Pico Gorramakil steht auf dem kleinen Schild. Die Strecke sieht vielversprechend aus, enge Kurven verschwinden irgendwo im dunklen

Wald, der auf der Flanke des dahinterliegenden Berges steil ansteigt. Also los, kurvenreich windet sich die Trasse durch das Grün, schlängelt sich tatsächlich immer weiter hinauf. Einige herzhafte Kehren mit Sand, Kies und allerlei Grünzeug auf dem Weg sorgen für die nötige Aufmerksamkeit.

Höher und höher klettern wir entlang der Straße, langsam lichtet sich der Wald. Hier oben sind wir nicht mehr allein unterwegs. Einige Kühe stehen mitten auf der Straße, sehen uns fragend an. Langsam zirkeln wir um die Vierbeiner herum, die sich nicht stören lassen. Auch um die zahlreichen Kuhfladen herum ist Slalomkönnen gefragt. Kuhdung am Krümmer stinkt ordentlich und sieht zudem nicht schön aus. Die Sicht vom Gipfel des 1090 Meter hohen Pico Gorramakil ist fantastisch. Weit über die dicht bewaldeten Berge der Umgebung hinweg reicht unsere Sicht bis in die Biskaya. Das Gipfelplateau teilen wir uns mit einigen Pferden. Die scheuen Tiere sind Pottoks und leben halbwild in den baskischen Pyrenäen. In Spanien werden sie auch als Poni

Das Valle del Baztan geizt nicht mit urigen Ortsdurchfahrten.

An kleinen, lauschigen Dörfchen mangelt es nicht in Navarra.

Vasco Navarro bezeichnet, was auf ihre Herkunft hindeutet. Abenteuerliche Schotterpisten führen vom Gipfel in die Umgebung, die richtige Herausforderung für Endurofahrer. Wir nehmen uns eine der rotbraunen, steinigen Strecken vor, nach einigen Kilometern ist dann aber Schluss. Am Berghang wird der ausgewaschene Weg dann doch ziemlich steil. Zu steil für eine mit zwei Personen besetzte GS ohne Stollenreifen. Egal, Spaß hat es trotzdem gemacht und uns einen einsamen Picknickplatz mit Top-Panorama am Hang beschert.

Mit dem Motorrad auf dem Jakobsweg
Wieder zurück im Tal durchqueren wir das malerische Tal Valle de Baztan. Bei Irurita wollen wir auf die kleine NA 174 abbiegen. Zweimal fahren wir suchend an der Abzweigung vorbei, beim dritten Mal fällt uns das eigentlich gar nicht zu übersehende Schild sofort ins Auge. Die schmale Straße entlang eines dahinplätschernden Baches führt uns in engem Bogen hinauf auf den 996 Meter hohen Puerto de Artesiaga. Malerisch liegt der Pass eingeschlossen zwischen noch höheren Berggip-

nach Santiago de Compostela. Entsprechend viele mit dicken Rucksäcken bepackte Fußgänger sind hier unterwegs. Wir stellen die GS direkt vor der Terrasse eines Straßencafés ab, stärken uns mit einem großen café au lait und freuen uns darüber, die schönsten Strecken Spaniens auch ohne schweißtreibende Fußarbeit zu erleben.

Acht Kilometer weiter haben wir schon wieder die spanische Grenze überquert. Die beiden Polizisten der Guardia Civil, die mit

PAMPLONA – DIE HAUPTSTADT NAVARRAS

Außer den Pyrenäen ist Pamplona ein interessantes Reiseziel in Navarra. Die 200 000-Einwohner-Stadt liegt am Fluss Arga. Die drei Universitäten senken das Durchschnittsalter der Bewohner kräftig, die Stadt ist sehr lebendig. Vom 6. bis zum 14. Juli, während des Festes San Fermín, finden die berühmten encierros, die Stierläufe, statt. Namensgeber der Feierlichkeiten ist der Schutzheilige von Navarra, San Fermín. In seinem ersten Roman »Fiesta« machte Ernest Hemingway das Spektakel schon 1926 weltberühmt. Detaillierte Information lassen sich, auch in englischer Sprache, im Internet unter www.pamplona.net nachlesen.

Die große Einsamkeit und beschauliche Ruhe – am Puerto de Artesiaga.

feln. Auf der anderen Seite geht es wieder bergab, die letzten Kilometer bis zum Rio Arga geht die Piste in festgefahrenen Schotter über, der keine großen Fahrkünste erfordert. Am Rio Arga angekommen, zieht es uns wieder nach Frankreich. Nach zehn Kilometern passieren wir die Grenze, steil geht es hinunter in das Tal Vallée des Aldudes, bald kommen wir nach St.-Jean-Pied-de-Port. Der freundliche Ort mit seiner gemütlichen ummauerten Innenstadt ist der Kreuzungspunkt der beiden Fernwanderwege GR 10 und GR 65, dem Pilgerweg

Bei Gegenverkehr könnte es entlang des Rio Arga schon mal eng werden, aber wann gibt's den schon?

ihrem Auto an der Grenze standen, winken uns gleich weiter. Kurz hinter Auritz quartieren wir uns auf dem Campingplatz ein. Ein abgeschiedenes Plätzchen ist schnell gefunden. Abends sitzen wir noch mit einer Flasche Rotwein vor dem Zelt und kommen mit zwei spanischen Motorradfahrern ins Gespräch. Die beiden fahren selber große Enduros und haben einen heißen Tipp für uns. Ich krame meine Karte aus dem Gepäck, und im Schein der Taschenlampe suchen wir gemeinsam die gelben und grünen Linien auf dem Papier.

Auf einsam romantischer Strecke durch die Pyrenäen

Dass der Tipp mehr als gut war, stellt sich am nächsten Vormittag heraus. Die Strecke durch die absolut einsame Sierra de Abodi ist ein Gedicht. Ab Orbaitzeta führt sie kurvenreich am Ufer des Stausees Embalse de Irabiako vorbei. Dessen glitzernde Oberfläche kräuselt sich im Wind, umgeben von dunkelgrünem Wald.

Waldige Hügel so weit das Auge reicht. Wir stellen die GS unter den Bäumen ab, legen uns in den Sand am Seeufer. Welch eine Ruhe, leise rauscht der Wind durch die Blätter, ab und an hören wir einen Vogel rufen, sonst nichts. Bald fallen uns die Augen zum Mittagsschlaf zu. Irgendwann rappeln wir uns wieder auf, machen uns auf die Reifen.

Weiter geht es entlang der menschenleeren Straße, die am Paso Tapia bis auf 1340 Meter ansteigt. Oft halten wir an, genießen die tollen Panoramen und sehen den riesigen Greifvögeln zu, die ohne Flügelschlag zwischen den Bergen ihre Kreise in der Luft drehen. Bei Ochagavia biegen wir auf die NA 140 ab, erreichen bald den Portillo de Lazar. Die Strecke ist genau das, was wir uns für eine Pyrenäentour herbeigesehnt hatten. Landschaft, Ausblicke, Kurven, Berge, wir sind begeistert. Von dem Aussichtspunkt am 1129 Meter hohen Portillo de Lazar führt eine unbefestigte Piste in Richtung Süden. Wir überle-

gen nicht lange, verlassen den Teer. Schon nach wenigen hundert Metern folgen die ersten Kehren. Vorsichtig kurven wir um die Ecken, kein Problem. Auch die nächsten 20 Kilometer bis Vidángoz geht es zügig über die losen Steine. Kurz vor dem Ende der Rumpelstrecke werden wir hurtig überholt. Eine ganze Gruppe spanischer Endurofahrer auf leichten Einzylindern heizt an uns vorbei. Viele Spanier sind auf Stollenreifen abseits befestigter Stra-

ßen unterwegs. Derzeit gibt es in Spanien Überlegungen, das Offroad-Fahren generell zu verbieten. Noch ist es nicht so weit, und jeder kann durch rücksichtsvolles Verhalten dazu beitragen, dass es nicht dazu kommt. Unsere Etappe für heute ist am Rio de Biniés zu Ende. Über einen schmalen Weg rollen wir ein Stück in den Wald hinein bis zu einer Lichtung. Unter einem großen Nadelbaum stellen wir unser Zelt auf. Zelten in der freien Natur ist in Spanien selten ein Problem. In Natur- und Wasserschutzzonen und am Strand sollte man allerdings darauf verzichten. Lebensgefährlich kann es in trockenen Flussbetten werden. Wir lassen noch ein wenig unsere Füße ins eiskalte Wasser baumeln. Für einen heißen Tee zum Abendessen schmeißen wir den Benzinkocher an. Morgen früh geht es weiter. Noch knappe zehn Kilometer, dann werden wir die Grenze nach Aragón überqueren. Hinter uns liegt dann eine kleine, aber feine Tour durch eine der kleinsten Regionen Spaniens.

Wenn am Cabo Higer die rote Sonne im Meer versinkt ...

Der Schattenmann – für Spielereien in der Sonne immer zu haben.

TOUR 9

ALLGEMEINES

Navarra gehört zu den kleinen und eher unbekannten autonomen Regionen Spaniens. Auf gut 10 000 Quadratkilometern verteilen sich knapp 600 000 Einwohner, davon rund 190 000 in der Hauptstadt Pamplona. Im Norden grenzt Navarra an die Pyrenäen, im Süden an den Rio Ebro. In Navarra gibt es rund 50 Naturparks. Die Region ist das ideale Terrain für Naturliebhaber, die Ruhe und Beschaulichkeit lieben.

Wo im Herbst die Stürme toben und Seemänner weiche Knie kriegen – Sonnenuntergang in der Biskaya.

KLIMA UND REISEZEIT

In Küstenähe weist Navarra Merkmale atlantischen Klimas auf, das bedeutet mildes Klima mit viel Feuchtigkeit. Im Landesinneren überwiegt kontinentales Klima. Die sehr unterschiedlichen Landschaften Navarras, die Berge im Norden, das offene Ebro-Becken im Süden, lassen keine allgemeine Aussage zu. Im Flachland ist mit Ausnahme der Wintermonate zu jeder Zeit Motorradsaison. Im Spätherbst und im Frühjahr kann es in den Pyrenäen sehr kalt sein, viele Pässe sind dann wegen Schneefalls schon oder noch gesperrt.

MOTORRADFAHREN

Im Norden Navarras bieten die Pyrenäen Kurvenspaß ohne Ende. Entlang der spanisch-französischen Grenze warten jede Menge Pässe und kleine Nebenstrecken auf Zweiradfahrer.

Endurofahrer kommen in den Pyrenäen auf zahlreichen Schotterpisten auf ihre Kosten. Auch große Zweizylinder-Enduros finden hier ideale Spielwiesen. Der Süden hingegen wartet im Ebro-Becken mit langen schnurgeraden Landstraßen auf und bietet sich für beschauliche Touren an.

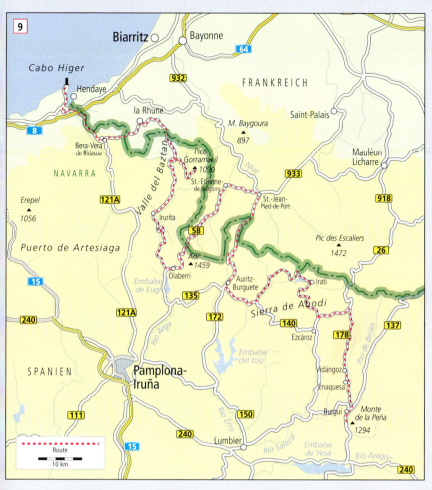

auch Rosé- und harmonische Weißweine aus der Region können durchaus überzeugen.

UNTERKUNFT

Das Unterkommen in Navarra ist üblicherweise kein Problem. Die Unterkunfte liegen jedoch wegen der dünnen Besiedlung oft weit auseinander. Gästehäuser, casa huespedes, oder Zimmer, habitaciones, gibt es häufig. Entlang des GR 65, dem Jakobsweg, kann es im Sommer knapp werden, dann sollte man sich bereits am frühen Nachmittag seine Unterkunft gesichert haben. In den etwas größeren Dörfern gibt es meist auch einfache Hotels und Pensionen. Campingplätze sind eher rar gesät, freies Zelten ist aber kein Problem.

SEHENSWERTES

Navarra ist die Region für Motorradfahrer, die das Grüne suchen. Die grünen Hügel und Waldgebiete der Pyrenäen sind Balsam für die Seele. Im krassen Gegensatz dazu steht Pamplona in der zweiten Juliwoche. Zu San Fermín werden die wilden Stiere durch die Stadt getrieben, das sonst eher beschaulich wirkende Pamplona gleicht dann einem Hexenkessel.

ESSEN UND TRINKEN

Ein heißer Tipp ist die baskische Fischsuppe, arrain sopa. Verschiedene Seefische und Muscheln werden in Gemüse und reichlich Knoblauch gekocht. Auch baba gorriak, den baskischen Bohneneintopf sollte man probiert haben. Bacalao, Stockfisch und chipirones, die baskischen Kalamares, sind ebenfalls einen Versuch wert. Navarra ist das Land der Tortillas, der Omelettes, die warm oder kalt mit Kartoffeln, Kräutern, Paprikawurst und Tomaten, Speckstreifen, Erbsen und dergleichen zubereitet werden. Navarra gehört zu den ältesten Weinanbaugebieten der Welt, und kaum eine Weinregion bietet so unterschiedliche Weine. Schon Hemingway schwärmte von den Rotweinen aus Navarra. Aber

KARTEN

Für die Tour in Navarra: Michelin, Baskenland, Navarra, Rioja, 1:250 000, ISBN 2-06-100894-1. Die Karte beinhaltet auch einen Stadtplan für Pamplona sowie touristische Hinweise.

ADRESSEN UND INTERNET

Schriftliche und telefonische Anfragen: Spanisches Fremdenverkehrsamt, Kurfürstendamm 63, 10707 Berlin, Tel. 030/882 65 43. Die offizielle Seite des spanischen Tourismusinstitutes ist www.spain.info. Spezielle Seiten über Navarra gibt es nicht. Über die Pyrenäen informiert unter anderem www.pyrenaeen.com.

Stauseen, Vulkane & Hügel

Winterflucht an die sonnenverwöhnte Küste und in das dramatische Hinterland Kataloniens

Weiß schäumende Wellen rauschen ohne Pause gegen den goldgelben Strand an. Windsurfer schießen pfeilschnell durch das tiefblaue Meer und setzen in mächtigen Sprüngen über die Kämme. Außer dem Rauschen des Wassers und des Windes ist nichts zu hören. Kiki, die beste Sozia der Welt, und ich sitzen auf einer niedrigen Steinmauer in der Sonne, hinter uns die weiß getünchten Häuser des spanischen Küstendörfchens El Port de la Selva, vor uns dieses faszinierende Mittelmeerpanorama.

Zu Hause, so erfahren wir von neiderfüllten Freunden per SMS, herrscht fieses Winterwetter. Der kalte Regen in der Eifel verwandelt sich gerade in Schnee, Matsch und Graupel, es ist Weihnachtszeit. Gleich nach dem Fest brachen wir auf. Mit dem Wohnmobil und unserer BMW auf dem Anhänger sind die 1000 Kilometer auch im tiefsten deutsch-französischen Winter schnell, warm und gemütlich zurückgelegt. Schon auf der Südseite der Pyrenäen zeigte sich Katalonien von seiner freundlichen und sonnigen Seite. Gut 50 Kilometer hinter der

Vorangehende Doppelseite: Noch schnell die letzte Abendsonne genießen – im Hinterland des Cap de Creus.

Stürmische Angelegenheit – die Küstenstraße am Cap de Creus.

spanischen Grenze, bei L'Escala, fanden wir auf dem ganzjährig geöffneten Campingplatz Cala Montgó auch gleich einen recht netten Stellplatz.

Das Kloster im Felshang

Jetzt, zwischen L'Escala und der französisch-spanischen Grenze, beglückwünschen wir uns zu unserer guten Idee, dem heimischen Schmuddelwetter zu entfliehen. Zum Touren durch die autonome Region Katalonien sind die Temperaturen gerade richtig. Die hochsommerlichen Touristenströme an der Küste lassen jetzt, mitten im Winter, deutlich nach. Nur wenige Urlauber teilen sich die bunte Promenade und den einladenden Strand mit uns. Genug gesonnt, wir sind neugierig darauf, auch den Rest des Cap de Creus zu erkunden. Die felsige, teils von Macchia überwucherte, teils vegetationslose Halbinsel ist ein Paradies für landschaftsgenießende Motorradfahrer. Wir rollen einige wenige Meter weiter durch den Ort, und schon fällt der Blick auf den kleinen Wegweiser. »Monestir de Sant Père de

Rodes« steht auf dem Pfeil, der ins Landesinnere zeigt. Wir lassen uns nicht zweimal bitten, biegen ab und finden uns schnell in einer wahren Kurvenorgie wieder. Wie eine Kletterranke windet sich die Strecke hoch in die Felsen. Die engen Kehren lassen kaum Gelegenheit, die fantastische Aussicht über das Cap zu genießen. Schon von weitem sehen wir das mächtige Zisterzienserkloster im Felshang. Mit jeder Kurve rückt es ein Stück näher und scheint vor uns in den Himmel zu wachsen. Auf dem Parkplatz lassen wir unsere GS stehen, gehen die letzten Meter zu Fuß. An der Kasse bekommen wir eine deutschsprachige Broschüre. Mit den Informationen unter dem Arm erkunden wir das riesige Kloster, wandeln durch Säulengänge, umrunden die alten, mächtigen Mauern und genießen immer wieder die sagenhafte Aussicht über die Bucht von Llançà und Port de la Selva.

Bikerrisiken: Wind & Katzen

Wieder zurück in Richtung Küste führt uns die kurvenreiche, schmale Landstraße an die entlegenste Ecke des Caps, an den östlichsten Punkt Spaniens. Durch eine wild zerklüftete Landschaft, durch skurril geformte Felsen steuern wir dem Leuchtturm des Caps entgegen. Wie eine Achterbahn schwingt sich der Asphalt mal hoch, mal wieder hinab. Auf den Kuppen pustet uns fast der Wind von der Strecke, rüttelt an Helm und Motorrad. Welch ein Unterschied zu den nur wenigen Kilometern entfernt liegenden Sandstränden in den geschützten Buchten. Am Turm stellen wir das Motorrad im Windschatten der Felsen ab und klettern ein wenig an der steilen Küste herum. Schreiende Möwen im Kampf gegen den Sturm rasen nur wenige Meter an unseren Köpfen vorbei, gewaltige Wellen krachen donnernd gegen die rotgrauen Felsen, ein beeindruckendes Schauspiel.

Einige Kilometer weiter, der Wind ist nur noch ein laues Lüftchen, erreichen wir Cadaques. Katzenland, überall Katzen und Kater, einige liegen dösend in der Sonne, andere sitzen am Straßenrand und scheinen nur auf vorbeikommende Zweiradfahrer zu warten. Kurz vor unserem Vorderrad springt eine dieser fetten, fuchsbraunen Kratzbürsten plötzlich über die sandige Straße. Eine gute Gelegenheit, mal wieder das ABS der BMW zu testen. Hier in Cadaques, etwa 30 Kilometer von Salvador Dalís Geburtsort Figueres entfernt, besaß die Familie Dalí ein Ferienhaus direkt am Strand des kleinen Fischerdorfes. Heute ist dieses

Route mit Fernblick – die Auffahrt zum Monestir de Sant Père de Rodes.

Das Küstenstädt- chen mit der Extra- portion Flair – Cadaques.

Haus, in dem der wohl berühmteste Katalane sein erstes Studio besaß, ein vielbesuchtes Museum. Neben Dalí beherbergte die ehemalige Künstlerkolonie zeitweise auch andere bedeutende Maler, Musiker und Schriftsteller wie Picasso, Magritte und Matisse. Wir bummeln ein bisschen durch die engen Gassen des gemütlichen Dorfes, lassen uns einen leckeren Kaffee schmecken, bevor wir quer durch die Halbinsel wieder zurück in Richtung Westen, nach Figueres aufbrechen. Mit seinen fast 1000 Geschäften, Geflügel-, Obst- und Gemüsemärkten, den Fisch- und Trödelmärkten

sowie seinem historischen Stadtkern lockt die 35 000-Einwohner-Stadt auch in der Nebensaison jede Menge Besucher an. Als wir am frühen Abend durch das Zentrum rollen, sind die Bürgersteige voll von einkaufenden oder einfach nur bummelnden Menschen.

Wir stellen unsere GS ab und mischen uns unter die flanierenden Massen, schauen in den einen oder anderen Laden, staunen über die bunten Schaufenster und freuen uns über die witzigen Straßenkünstler, vor denen sich schnell große Zuschauergruppen bilden. »In Figueres erwartete uns ein gedeckter Mittags-

Spanierin vor oder nach der Mittagspause.

Mahl eine unvergleichlich würzige Note. Kiki ordert dazu natürlich einen genussreichen Weißwein aus der nahe liegenden Region Penedes. Ich als Chauffeur darf mich, schmollend über die mangelnde Solidarität, mit einem spanischen Mineralwasser begnügen.

Naturpark der Vulkane
Am nächsten Morgen sind wir schon früh unterwegs. Es ist noch frisch. Die Heizgriffe leisten ganze Arbeit. Auf kurviger Strecke nähern wir uns Banyoles. Die Bäume rechts und links der Straße sehen aus, als wären sie mit Puderzucker bestäubt. Der Frost der Nacht glänzt und glitzert noch auf den Blättern. Wo die ersten Strahlen der Sonne hinreichen, löst sich die weiße Pracht in Minutenschnelle auf. Im beschaulichen Banyoles halten wir auf dem Plaza Mayor vor einer Panaderia. Frisches Brot

Amphore in Übergröße – hierin gärte einst spanischer Wein.

tisch. Der Tisch bog sich unter der Last der aufgetragenen Speisen. Fleisch, gekochter Fisch, gebratener Fisch, unvergleichliches Obst, flammender Wein ...«, schwärmte schon Hans Christian Andersen in seiner »Reise durch Spanien« vor 150 Jahren. Auch wir gönnen uns in einem der zahlreichen heimeligen Restaurants in der Altstadt ein leckeres Abendessen. Schon lange sind wir neugierig auf einen der schmackhaften platillos, Schmortöpfe mit Lamm, Kalb oder Geflügel. Verschiedene Gemüse, Pilze, kräftige Zwiebeln und eine ordentliche Menge Knoblauch verleihen dem

»BURRO STATT TORO«

Dass die Katalanen anders sein wollen als der Rest Spaniens, zeigt sich derzeit auch auf Kataloniens Straßen. Prangte früher auf spanischen Autos meist ein Stier, läuft dem derzeit im Nordosten der Iberischen Halbinsel ein anderes Tier den Rang ab. Ursprünglich als Werbelogo des Sherry-Produzenten Osborne geboren, galt die pechschwarze Stiersilhouette schnell als Symbol für die Stärke Spaniens. Eben diese Stärke des spanischen Zentralismus ist den Katalanen schon lange ein Dorn im Auge. Immer mehr katalanische Autofahrer ersetzen deshalb den Stier durch einen Esel und demonstrieren damit ihre Eigenständigkeit. Nicht nur auf Karosserien, auch auf den T-Shirts, die auf Barcelonas Ramblas verkauft werden, setzt sich der Esel durch. Aber nicht irgendein Esel, sondern der vom Aussterben bedrohte Katalanische Riesenesel ist es, der den starken Stier vom Thron stürzt. Einst in alle Welt exportiert, gibt es nach aktuellen Schätzungen weltweit nur noch 150 reinrassi-ge Esel dieser lebhaften Rasse. »Burro statt Toro« heißt die ironische Antwort Kataloniens auf spanische Kraftmeierei.

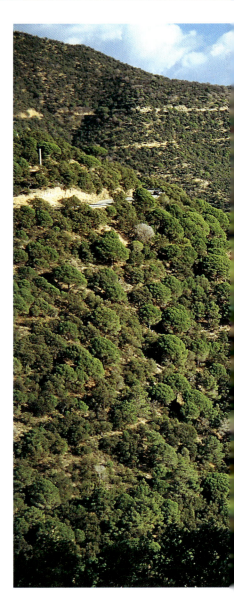

und knuspriges Gebäck winken uns durch die matte Schaufensterscheibe zu. Wir entscheiden uns für zwei noch warme Baguettes und lockere Hefeteile mit einem unaussprechlichen Namen, die dafür aber umso leckerer schmecken. Am See von Banyoles werden wir die Hälfte eines Baguettes gleich wieder los. Jede Menge Enten und Gänse stürzen sich gierig auf die weißen Krümel. Der See gilt als der größte natürliche See Kataloniens, obwohl er nur gut einen Quadratkilometer groß ist. Auf ihm wurden bei der Olympiade von Barcelona 1992 die Ruderregatten ausgetragen. Jetzt liegt er ruhig und beschaulich da, nur einige wenige Spaziergänger schauen uns beim Entenfüttern über die Schulter.

Als das Geflügel satt scheint, düsen wir weiter. Auf der wild gewundenen GI 524 fahren wir durch dichte Wälder. In manchen Kurven nehme ich noch deutlich Gas weg, einzelne Eiskristalle glitzern noch hier und da im Schatten auf dem Asphalt. Vorbei an dem kleinen Nest Mieres überfahren wir die Grenze des Parc Natural de la Zona Volcanica Garrotxa.

Hinter diesem langen Zungenbrecher steht ein kleiner, aber feiner Naturpark. Etwa 40 Vulkane tummeln sich in dem 800 Quadratkilometer großen Gelände, das Anfang der achtziger Jahre als erste Region überhaupt von der autonomen Landesregierung Kataloniens unter Naturschutz gestellt wurde. Schon 1820 verfasste Francesc Xavier de Bolòs das erste wissenschaftliche Werk über die erloschenen Vulkane. Heute führen sechzehn gekennzeichnete Wanderwege durch den Park. Im Städtchen Olot beherbergt das Casal dels Volcans

ein Informationszentrum. Karten und jede Menge interessante Lektüre rund um die Vulkane stehen für die Besucher zur Verfügung. Wer Lust hat, kann dort auch einen Führer buchen und mit ihm auf eine lehrreiche Tour entlang grauen Basalts, ockerfarbener Berge und grüner Wälder gehen. Wir lassen die kalten Schlote hinter uns und steuern auf Santa Pau zu. Schon einen guten Kilometer vor dem malerischen Ort informiert eine große Infotafel über die Umgebung. Auf einem flachen Hügel vulkanischen Ursprungs überragt das

Panoramastraße par excellence – Ausblicke von der N 340 zwischen Sant Feliu und Tossa de Mar.

119

aus dem Mittelalter stammende Santa Pau mit seinen wehrhaften Steinmauern das umliegende Land. Mitten im Dorf, im Schatten alter Steinbogen stellen wir unsere GS ab und schlendern durch die Gassen der Altstadt. Schnell fühlen wir uns in die Vergangenheit zurückversetzt. Ein alter Karren steht auf dem Weg, Hühner flüchten gackernd vor den fremden Besuchern, unter einer maroden Holztür hindurch bellt uns ein Hund an. Durch die Maueröffnungen fällt der Blick weit hinaus in die Landschaft. Auf einer der sonnengewärmten Steinmauern lassen wir uns nieder, machen uns über das restliche Baguette her und genießen das grandiose Panorama.

Das Delta des Rio Ebro ist für sich schon eine Reise wert.

Auf dem Rückweg zur Küste durchqueren wir Besalú. Im Augenwinkel registrieren wir hektisches Treiben auf einem der zahlreichen Plätze im Dorf. Sofort mache ich kehrt. Markttag – hoch erfreut stürzen wir uns auf die einladenden Stände, schauen hier, probieren dort. Leckeres frisches Obst und Gemüse, Oliven in jeder Geschmacksrichtung, Wurst, Schinken, Wein, viele wohlriechende Sachen.

Gut, dass unsere GS mit ihren Aluboxen einen großen Stauraum bietet.

Serpentinen in traumhafter Landschaft

Nach einer weiteren erholsamen Nacht mit beruhigend rauschenden Wellen im Ohr verlassen wir L'Escala mit dem Motorrad im Schlepp. Entlang der Küste fahren wir weiter in Richtung Süden. Passieren Sant Feliu de Guíxols, an dessen Strandpromenade reges Gedränge herrscht. Ein Geschäft neben dem anderen, teure Boutiquen wechseln sich mit kleinen Läden ab. Neben einem altersschwachen dreirädrigen Lieferwagen steht ein kanariengelber Ferrari. Auf den Bürgersteigen flanieren die Menschenmengen. Übergangslos finden wir uns am Ortsausgang auf einer der schönsten Küstenstraßen Spaniens wieder. Auf den folgenden Kilometern spielt die Gl 682 jeden Trumpf aus. Immer wieder fällt der Blick zwischen dem grünen dichten Bewuchs am Straßenrand auf das tiefblaue Meer unter uns. In wilden Serpentinen führt das graue Band der Straße durch die Berghänge. Mehr als ein-

Wehrmachtsge-
spann und mehr:
In Vicenc Folgados
Motorradmuseum in
L'Escala gehen Old-
timerfreunden die
Augen über.

MOTO MUSEU IN L'ESCALA

Für Freunde historischer Motorräder und Technik gibt es in L'Escala einen besonderen Leckerbissen. Vicenc Folgado hat in seinem Moto Museu unzählige Schätze zusammengetragen. Eine riesige Halle, randvoll mit alten Motorrädern und Autos, Tretrollern und Tretautos, Blechspielzeug und vieles mehr. Da steht eine britische Raleigh aus dem Jahr 1922 neben einer Harley Sport von 1919, und beide sehen aus, als kämen sie gerade aus dem Laden. Eine NSU Fox, Jahrgang 1951, eine 125er NSU von 1942 und eine Moto Guzzi 65 von 1949 glänzen um die Wette. Nicht weniger faszinierend ist das 750er-BMW-Wehrmachtsgespann mit Original MG42 auf der Lafette sowie weitere 70 Motorräder.

Vicenc freut sich über jeden Besucher und erzählt gerne über seine Modelle. Er stand mit seinem kleinsten fahrbaren Motorrad auch bereits selber im Guinness Buch der Rekorde. Moto Museu, Clossa d'en Llop 9-11, L'Escala, Führungen nach Anmeldung unter der Nummer 0034/972/77 43 02, geöffnet ist das Museum dienstags, donnerstags und samstags von 16.00 bis 20.30 Uhr.

mal halten wir an und genießen den Blick auf die See, auf der sich Fischerboote ihren schaukelnden Weg durch die weiße Gischt pflügen, verfolgt von Schwärmen hungriger Möwen. In malerischen Buchten wehren sich leuchtend rote Felsen gegen das anstürmende Wasser. Immer weiter führt unsere Tour nach Süden. Vorbei an Barcelona, eine Metropole, die ohne Zweifel eine eigene Reise wert ist. Tarragona, das auch noch auf unserer Wunschliste steht, lassen wir ebenfalls erst mal links liegen. Bei L'Amettla de Mar verlassen wir die Schnellstraße, lockt uns dort doch der örtliche Campingplatz. Schnell laden wir unsere GS ab und gönnen uns noch eine schnelle Runde durch die Serra del Boix, bevor es dunkel wird.

Ein fantastischer Sonnenaufgang belohnt uns nach dem Frühstück für das zeitige Aufstehen. Wir sitzen am Strand, die letzten Krümel noch im Mund und staunen über die tollen, intensiven Farben der aus dem Mittelmeer auftauchenden Sonne. Kaum hat sich der glutrote Ball über den letzten Wellenkamm erhoben, starten wir los. Unser Ziel ist das Delta de l'Ebre, das riesige Delta des Rio Ebro. Rund 30 Kilometer breit ragt das Schwemmland gute 20 Kilometer ins Meer hinaus. Komplett unter Naturschutz stehend gilt das Delta als die fruchtbarste Gegend Spaniens. Unendliche Reisfelder, fast ständig von Wasser überflutet und von Palmen gesäumt, bieten Tausenden

Peñiscola – eines der schönsten Dörfer am spanischen Mittelmeer.

leise der Schnee und wir liegen hier in der Sonne, lassen feinen, weißen Sand durch unsere Finger rinnen und lauschen den Wellen. Den halben Tag verbringen wir an diesem Traumstrand, den sich nur ein spanischer Angler mit uns teilt. Während wir lange Strandwanderungen machen und so richtig relaxen, holt der geduldige Petrijünger einen Fisch nach dem anderen aus dem Meer. Als Krönung unserer Delta-Visite hängen wir noch einen großen Schlenker durch das Reserva Nacional de Puertos de Beseit an. Über jede Menge Serpentinen fahren wir hoch auf den Gipfel des Monte Caro. Aus 1442 Meter Höhe überblicken wir die ganze Küste und das weit ins Meer ragende Schwemmland. In Tortosa gönnen wir uns noch einen heißen Kaffee, dann geht es wieder in Richtung L'Amettla.

Zu Fuß auf Erkundungstour

Silvester, zwischen Benicarló und Peñiscola rollen wir entlang des acht Kilometer langen goldenen Traumstrandes. Wo sich in der Hauptsaison jede Menge Sonnenanbeter tummeln, genießen jetzt einige wenige Urlauber ausgiebige Strandspaziergänge. Ein paar Kinder spielen Frisbee, lassen Drachen steigen. Eigentlich haben wir die Grenze Kataloniens seit wenigen Kilometern hinter uns gelassen. Die gut geschützte Felsenhalbinsel Peñiscola wollen wir uns aber auf keinen Fall entgehen lassen. Entlang der interessanten Strandpromenade nähern wir uns den dicken Befestigungsmauern des alten Stadtkerns. Am Hafen lassen wir die BMW stehen, schauen dem munteren Treiben zwischen den Fischerbooten zu und klettern ein bisschen auf den Hafenmolen herum. Vom äußersten Ende des künstlichen Dammes bietet sich ein beeindruckendes Bild der befestigten Altstadt im Schatten der mächtigen Burg des Templerordens. Bis zu seinem Tod im Jahr 1423 residierte hier der spanische Gegenpapst Benedikt XIII. Welche gute Wahl er mit seinem Aufenthaltsort getroffen hatte, stellen wir bei einem Bummel durch die gewundenen Gassen zwischen den wehrhaften Außenmauern fest. Schmale weißgetünchte Häuser, kleine Balkone, behangen mit Unmengen terracottafarbener, bunt bepflanzter Blumentöpfe, steile Treppen,

von Wasservögeln ein wahres Paradies. Auf kilometerlangen schnurgeraden Straßen gebe ich ordentlich Gas, und wir fliegen unter blauem Himmel und strahlender Sonne durch diese eigentümliche spiegelglatte Landschaft. Rechts und links stieben alle möglichen Wasservögel aus den niedrigen Schilfbüscheln und lassen uns die Köpfe einziehen. Ein Aussichtsturm am Ende dieser spannenden Strecke macht uns neugierig. Eine große Informationstafel klärt uns darüber auf, dass wir uns bei »Els Calaixos de la isla de Buda« befinden. Keine zweihundert Meter weiter sehen wir von der Holzplattform aus einen einladenden Strand. Nichts wie los, schnell liegen die paar Meter hinter uns. Direkt am Strand stellen wir die BMW ab und lassen uns in den weichen warmen Sand fallen. Genial, zu Hause rieselt

Köstlichkeiten frisch vom Markt in der Altstadt.

kühle Bogengänge und lauschige, sonnenbeschienene Bänke zum Verweilen schaffen eine unvergleichliche mediterrane Atmosphäre. Natürlich lassen wir uns auch die Burg nicht entgehen. Wo Benedikt XIII. einst Rom und Frankreich trotzte, lassen wir unsere Blicke über die Küste schweifen, erkunden die Gänge und Räume der monumentalen Anlage.

Die vielen Meter zu Fuß machen hungrig. Natürlich wollen wir Spanien nicht verlassen, ohne nicht wenigstens einmal eine gute Paella probiert zu haben. Tintenfisch, Muscheln und Garnelen auf körnigem goldgelbem Reis, schmackhaft gewürzt mit Rosmarin, Knoblauch, Safran lassen uns nicht widerstehen. Dazu gönnen wir uns ein eiskaltes cerveza de barril, ein Bier vom Fass, schließlich dauert es noch etwas, bis wir wieder auf die GS klettern wollen. Als es dunkel ist, schlendern wir wieder durch die Gassen. Am Silvesterabend geht es rund zwischen den hohen Mauern. Ein mittelalterlicher Markt bietet wohlriechende Gewürze, schmackhafte Leckereien und ländliche Produkte der Region. Gutmütige Esel tragen kleine Kinder durch die Gassen, historisch gekleidete Artisten und Jongleure bieten spannende Unterhaltung mit viel flackerndem und fauchendem Feuer.

Es geht auf Mitternacht zu. Kiki und ich verlassen die Altstadt, suchen uns einen lauschigen Platz im Hafen. Vor uns im Wasser dümpeln die bunten Fischerboote. Die Silhouette der beleuchteten Altstadt mit ihrer Festung hebt sich vom sternenklaren pechschwarzen Nachthimmel ab und spiegelt sich in den flachen Wellen. Wir holen eine kleine Flasche Sekt aus der Tasche, natürlich einen spanischen Cava aus Katalonien, und zählen die Minuten bis Mitternacht. Pünktlich zum Jahreswechsel ziehen die ersten Raketen in den Himmel. Von unserem Logenplatz sehen wir den zerplatzenden Sternen, dem leuchtenden Sprühen und den vielen blitzenden Lichtern vor dieser traumhaften Kulisse zu. Stimmungsvoller kann wohl ein Jahr kaum zu Ende gehen. Leider geht an diesem Abend nicht nur das vergangene Jahr, sondern auch unsere Katalonienreise zu Ende. Schweren Herzens werden wir morgen Sonne, Strand und eine fantastische Landschaft hinter uns lassen müssen.

Prosit Neujahr – Silvesterfeuerwerk über Peñiscola.

ALLGEMEINES

Katalonien, die wirtschaftsstärkste autonome Region Spaniens, liegt im Nordosten des Landes. Sechseinhalb Millionen Einwohner verteilen sich auf gut sechs Prozent der Gesamtfläche Spaniens. Kataloniens Hauptstadt ist Barcelona. Neben Spanisch gilt Katalanisch als Amtssprache. Katalonien strebt seit Jahrhunderten nach Unabhängigkeit, was die spanische Zentralregierung zu verhindern sucht. Nicht zuletzt durch die herausragende wirtschaftliche Stärke haben sich die Katalanen aber die eigene Sprache und Identität erhalten können. Während sich die Küste im Norden felsig und zerklüftet mit einzelnen sandigen Buchten zeigt, beherrschen im Süden weite Sandstrände das Bild. Im Norden endet Katalonien in den mächtigen Berggipfeln der Pyrenäen.

KLIMA UND REISEZEIT

Der Sommer in Katalonien ist heiß und trocken, Temperaturen über 30 Grad sind keine Seltenheit. Angenehmer sind Frühjahr und Herbst, dann ist es milder, und an der Küste ist der Touristenstrom etwas gedämpfter. Im Frühjahr präsentiert sich Katalonien von seiner schönsten Seiten. Dann blühen die Kirschbäume, Macchia und Orchideen bilden wahre Blütenmeere. Im Herbst kann es zu kräftigen Regengüssen kommen, die aber selten von langer Dauer sind. Im Winter bieten sich Costa Brava und Costa Dorada für Wetterflüchtlinge an. Zwar sollten für den Abend und das bergige Hinterland stets warme Sachen im Gepäck sein, die Chance auf warme, motorradfreundliche Sonnentage ist aber sehr groß.

MOTORRADFAHREN

Im bergigen Norden Kataloniens warten unzählige kurvenreiche Strecken auf Zweiradfahrer. Auf Stollenreifen geht es unterhalb des Pico de la Maladeta bis zu 3000 Meter hinauf, Touren- und Sportfahrer fühlen sich in der Serra de Cadi sofort wohl. Unweit der Küste, westlich von Girona, winden sich griffige Landstraßen um Stauseen, Vulkane und Hügel. Auch direkt an der Küste locken jede Menge spannende Streckenabschnitte. Einer der schönsten Abschnitte ist die GI 682 zwischen Sant Feliu de Guíxols und Tossa de Mar. Das eigentümliche Delta des Rio Ebro bietet viel Gelegenheit für ungewohnte Entdeckungstouren.

SEHENSWERTES

Die Mittelmeermetropole Barcelona ist eine eigene Reise wert. Tarragona, einst die Hauptstadt des römischen Spaniens, glänzt mit seinem mittelalterlichen Viertel und den quirligen Ramblas. Gleich hinter der französischen Grenze ragt die felsige Halbinsel Cap de Creus ins Mittelmeer, dessen felsige Landschaft fasziniert. Sehenswert sind auf jeden Fall die katalanischen Klöster. Monestir de Sant Père de Rodes beim Cap de Ceus, Monestir de Montserrat nordwestlich von Barcelona und das Monestir de Poblet bei Lleida gehören zu den beeindruckendsten.

ESSEN UND TRINKEN

Kataloniens Küche teilt sich regional bedingt in die Küche des Binnenlandes mit Eintöpfen, Wild und Würsten und in die Küche der Meeresregion. Hier dominieren Fisch und Meeresfrüchte. Charakteristisch sind die vier Soßen: Sofregit, eine Mischung aus Zwiebeln, Tomaten und Knoblauch und allioli, eine Art Majonäse mit viel Knoblauch. Olivenöl, Knoblauch und Mandel sind die Grundlagen für romesco, bei der noch Peperoni hinzugefügt wird, und für picada, die noch um Nuss und Petersilie erweitert wird. Nachtische sind in Katalonien ein Kapitel für sich. Die süße crema catalana besteht aus Milch, Eigelb, viel Zucker und Zimt und schmeckt einfach köstlich. Lecker ist auch die menjar blanc, eine süße Milchsuppe mit gerösteten Mandeln und Zimt. Ebenfalls empfehlenswert sind die Biskuits pa de pessic. Die katalanischen Weine mit geschützten Herkunftsbezeichnungen sind von sehr guter Qualität. Aus der Region Penedès stammt der weltweit exportierte katalanische Schaumwein cava.

UNTERKUNFT

An der katalanischen Küste gibt es eine ganze Reihe herausragender, das ganze Jahr über geöffneter Campingplätze. Einfacher, aber dafür oft gemütlicher und familiärer sind die kleineren Plätze im Hinterland. Ausführlich informiert der ADAC-Campingführer darüber. In Katalonien macht zunehmend der so genannte Turismo Rural, der Landtourismus, Furore. Nicht zu verwechseln mit den deutschen »Ferien auf dem Bauernhof« bietet diese Form des Urlaubes Ferien in ländlicher Umgebung. In durchaus komfortablen und ansprechenden Unterkünften bleibt Muße für gutes und regionaltypisches Essen und Trinken. Kleine, familiär geführte Hotels und restaurierte Dorf- und Landhäuser lassen den Massentourismus außen vor. Kon-

Nachtleben in den Gassen von Peñiscola.

ventionelle Unterkünfte gibt es in Hülle und Fülle. Neben normalen Hotels auch einfache fondes und pensions oder schlichte hostals, die aber durchaus Atmosphäre haben können. Das offizielle Oficina de Turismo in fast jedem touristischen Ort hilft gerne mit Auskünften und Vermittlungen weiter.

KARTEN

Für die Anreise und den Überblick über die Iberische Halbinsel hat sich die Michelin-Karte Spanien, Por-tugal im Maßstab 1:1000 000, ISBN 2-06-710472-1 bewährt. Für die Tour: Michelin, Katalonien, Aragon, Andorra, 1:400 000, ISBN 2-06-100902-6. Diese Karte beinhaltet auch Stadtpläne für Barcelona, Girona und Saragossa sowie touristische Hinweise und ein Ortsverzeichnis.

ADRESSEN UND INTERNET

Immer hilfsbereit ist das Spanische Fremdenverkehrsamt, Kurfürsten-damm 63, 10707 Berlin, Tel. 030/ 882 65 43. Die offizielle Seite des spanischen Tourismusinstitutes www.spain.info informiert natürlich auch über Katalonien.

Das Patronat de Turisme der Costa Dorada bietet die sehr interessante Seite www.costadaurada.org auch in deutscher Sprache an. Dort lässt sich Informationsmaterial bestellen, Unterkünfte suchen, und es gibt einen aktuellen Veranstaltungs-kalender.

Über Campingplätze informiert die Internetseite www.campingsonline. com/spanien/katalonien.

Nur mal schnell über die Grenze

**Eine Grenzerfahrung zwischen
Portugals beschaulichem Süden
und der spanischen Extremadura**

Mächtige Stahlseile spannen sich über uns durch den tiefblauen Himmel. Irgendwo hoch oben enden sie in einem riesigen strahlend weißen Pfeiler. Am unteren Ende der metallenen Tentakel hängt die breite Fahrbahn, über die wir gerade den Grenzfluss zwischen Spanien und Portugal überqueren. Unter uns schaukeln kleine bunte Boote im Wasser des Rio Guadiana. Aus dieser Höhe wirken sie wie Spielzeuge im Badebottich. Wäre da nicht das riesengroße Schild, das uns in Portugal willkommen heißt, würden wir gar nicht merken, dass wir gerade eine Ländergrenze passieren. Haben wir aber. Hinter uns liegt das spanische Andalusien, vor uns die portugiesische Algarve.

Eben saßen wir noch im kleinen spanischen Grenzort Ayamonte unter Palmen im Straßencafé, genossen einen kalten Kaffee mit Eiswürfeln und sahen den spanischen Fischern und Freizeitkapitänen im Hafen zu. Jetzt sind wir unterwegs auf die portugiesische Seite des über 800 Kilometer langen Rio Guadiana, der hier in den Atlantik mündet. Wir nehmen gleich die erste Ausfahrt nach der gewaltigen Brücke und rollen nach Castro Marim hinein. In hellem Weiß strahlen die Häuser unter den Tonschindeln um die Wette. Zwei große, dunkle, drohend wirkende Befestigungsanlagen nehmen den kleinen 7000-Einwohner-Ort in die Zange. Castro Marim ist eines der ältesten kleinen Städtchen der Algarve.

Archäologische Funde stammen schon aus weit vorrömischer Zeit. Römer und Araber schätzten die Stadt wegen ihrer strategisch günstigen Lage. Uns begeistert besonders die schneeweiße Kirche im Zentrum. Eine harmonische runde Kuppel beherrscht das Dach, gleich daneben der eckige, spitze Kirchturm, ein palmenbeschatteter Vorplatz schließt sich am Ende einer großzügigen Freitreppe an. Igreja de Nossa Senhora dos Mártires, Kirche der Mutter der Märtyrer, ein klangvoller Name der zu dem monumentalen Bauwerk aus dem 18. Jahrhundert passt.

Vorangehende Doppelseite: Portugiesische Esel sind Stammgäste am Straßenrand.

Grenzüberschreitend – die Brücke über den Rio Guadiana verbindet Andalusien mit der Algarve.

Igreja de Nossa Senhora dos Mártires – ein klangvoller Name für die schneeweiße Kirche im Zentrum Castro Marims.

QUADRATISCH, PRAKTISCH, BUNT – DIE AZULEJOS

In Portugal begegnet man ihnen überall, in Südspanien recht häufig. Sie sind meist quadratisch, bunt bemalt und äußerst wetterfest. Azulejos, die widerstandsfähigen Keramikfliesen gehören im Süden der Iberischen Halbinsel zum allgemeinen Straßenbild. Im 8. Jahrhundert von den Mauren nach Europa gebracht, schmücken die handbemalten Kacheln heute Fassaden und Innenwände von Kirchen, öffentlichen Gebäuden, Häusern und unzählige Brunnen und Bänke. Der Name Azulejo leitet sich aus dem Arabischen Al Zulaique ab. Das bedeutet kleiner polierter Stein. Die bevorzugten Farben sind auch heute noch, inspiriert vom Handel mit Flandern, blau und weiß, ähnlich den Delfter Kacheln. Während im 12. und 13. Jahrhundert die meisten Azulejos noch aus Granada und Andalusien stammten und im 14. Jahrhundert Valencia die Produktion anführte, gilt heute Portugal als Hauptproduzent. In der Rua da Madre de Deus in Lissabon informiert ein eigenes Museum über die Geschichte und Herstellung der Azulejos.

Paradies für Ornithologen

Gleich hinter Castro Marim liegt das Naturschutzgebiet Reserva Natural do Sapal. Einige Wanderwege führen durch das Feuchtreservat, ein Paradies für Ornithologen. Selbst von der Straße aus erkennen wir die verschiedensten Vogelarten, einige Flamingos und riesige Storchennester auf Masten und in den umliegenden Bäumen. Wenige Kilometer weiter kommen wir nach Villa Real de Santo António. Die Stadt am Ufer des Grenzflusses ist nicht weniger reizvoll als ihr spanisches Pendant gleich gegenüber. Eine Fähre verbindet sie mit Ayamonte. Bis vor wenigen Jahren war

Störche gibt es in der Algarve wie Sand am Meer.

das Schiff die einzige Möglichkeit, den Rio Guadiana an der Küste zu überqueren. Eine großzügige Fußgängerzone mit vielen Bänken zum Ausruhen nach dem anstrengenden Bummeln in der südlichen Sonne lockt im Zentrum. Ein moderner Sporthafen mit einem großen Angebot an Ausflugsbooten liegt zwischen Fluss und Ortskern. Auf einer Bank im Schatten gönnen wir uns ein Eis und schauen den Anglern an der Hafenmole zu, wie sie einen Fisch nach dem anderen aus dem Wasser ziehen.

Pause am Strand

Bald zieht es uns zum Sandstrand. Entlang des Flussufers düsen wir in Richtung Süden, lassen das Zentrum rechts von uns liegen. Nach wenigen hundert Metern biege ich ab, steuere durch halbverfallene Hafengassen, zwischen schaurigschönen Ruinen und alten Schiffswracks hindurch. »Hier möchte ich auch nicht

Der Sandstrand von Villa Real de Santo António bietet Platz satt auch für die längste Drachenleine.

im Dunkeln spazieren gehen«, meint Kiki, die beste Sozia aller Zeiten. Stimmt, sehr vertrauenserweckend sehen die schwarzen Fenster- und Türöffnungen in den bröckelnden Bauten auch nicht aus. Auf der Straße liegen alte Bretter, zerbeulte Ölfässer, jede Menge Bauschutt. In einem Hinterhof voller Gerümpel toben einige verlotterte Hunde herum. Ein paar dieser gespenstischen Szenarien passieren wir noch, dann gelangen wir wieder auf den richtigen Weg zum Atlantikstrand. Das war nicht die kürzeste, aber mit Sicherheit die spannendste Route dorthin. Zwischen einigen Nadelbäumen hindurch erreichen wir die Betonpiste zum Ponta da Areia. Noch einige hundert Meter, dann stehen wir direkt am unglaublich breiten, scheinbar endlosen Sandstrand. Nur zwei, drei Angler sind zu sehen, eine Hand voll Sonnenanbeter verliert sich in der Weite. Genau der richtige Strand zum Lenkdrachenfliegen, Wind und Platz satt.

Kiki betet in den flachen Dünen die Sonne an, während ich meinen Kampf mit dem Zweileiner ausfechte.

Bacalhau à Bras

Gegen Abend brechen wir auf, vor der Dunkelheit wollen wir noch unser Zelt aufstellen. Etwa acht Kilometer an der Küste entlang, bei Vila Nova de Cacela, liegt der einladende Camping Caliço. Im Internetcafé Ideal im Zentrum des kleinen Ortes schicken wir noch schnell ein paar Grüße per Mail an die neidischen Freunde zu Hause, wenige Minuten später steht unsere Behausung. Die heiße Dusche spült den Staub des Tages vom Körper. Später am Abend schwingen wir uns noch mal auf die GS, fahren etwa zehn Kilometer nach Tavira. Ein kleines Restaurant ist dort, wie in fast jedem Städtchen Portugals, schnell gefunden. Wir gönnen uns Bacalhau à Bras, ein buntes, aber leckeres Durcheinander aus Fisch, Kartoffeln, Zwiebeln und Eiern, dazu frischen Salat. Für den Wein, von dem wir lieber eine Flasche mitnehmen

wollen, schließlich müssen wir auch wieder heil auf zwei Rädern zurückkommen, macht uns der freundliche Wirt einen Sonderpreis.

Men at work – Fischer flicken ihre Netze im Hafen von Tavira.

Der Garten des Grafen von Estói bezaubert mit alten Statuen und Brunnen.

Der Rio Guadiana zieht über lange Strecken die natürliche Grenze zwischen Spanien und Portugal.

Am nächsten Morgen folgen wir der gut ausgebauten Küstenstraße bis Olhao. Ab und an biegen wir in eine der kleinen Stichstraßen ab, die an die Küste führen. Hier, im östlichen Teil der Algarve, der so genannten Sand-Algarve, liegen fantastische Badestrände. Riesige goldgelbe, scheinbar unberührte Sandflächen, dazwischen kleine Fischerhäfen und bunte oder schneeweiße Boote, die am Strand liegen. In Tavira schlendern wir noch ein wenig durch den Hafen, schauen den Fischern beim Netze flicken zu. Hinter Olhao verlassen wir die lange gerade Küstenstraße. In Estói werfen wir

noch einen Blick auf den Palast des Grafen von Estói. Das prächtige Gebäude aus dem 18. Jahrhundert steht inmitten eines interessanten Gartens, umgeben von Statuen und Brunnen. Die mit unzähligen, sehr schönen Kacheln, den Azulejos, bedeckten Wände und Treppen im Park sind jedoch schon reichlich verwittert und heruntergekommen. Der Zahn der Zeit hat schon mächtig an der Anlage genagt. Im Park, in dem wir ganz alleine unterwegs sind, schlagen wir uns ein paar Orangen in den Bauch. Ein schlechtes Gewissen brauchen wir dabei nicht zu haben. Hun-

begehrt, findet sich in der Serra de Alcaria do Cume. Catraia, Cachopo, Casa Nova, Corte Nova, kleine Dörfer inmitten der Sierra, in denen wir für einige Meter mal nicht in Schräglage durch Kurven düsen. Die wenigen Menschen die wir sehen, winken uns freundlich zu. Bei einer Ziegenherde am Straßenrand bleiben wir stehen, wollen ein Foto machen. Gleich kommt der Hirte auf uns zu, freut sich über die Abwechslung, fragt nach dem Woher und Wohin. So ganz problemlos klappt unsere Kommunikation nicht, aber wir haben trotzdem alle unseren Spaß. Bei Foz de Odeleite stoßen wir wieder auf den Grenzfluss. Behäbig strömt der Rio Guadiana durch sein Tal zwischen Spanien und Portugal. Entlang der Uferstraße folgen wir seinem gewundenen Lauf, benutzen sogar mal wieder den fünften und sechsten Gang. Bei Laranjeiras kaufen wir für ein paar Cent eine große Tüte Orangen am Straßenrand. Die köstlichen Vitaminbomben verputzen wir gleich wenige Meter weiter am sonnigen Flussufer.

Mit tierischen Begegnungen ist in der Serra de Alcaria do Cume immer zu rechnen.

derte der leckeren Vitaminspender liegen auf der Erde herum, was nicht aufgesammelt wird, vergammelt.

Ziegen und Vitaminbomben

So gestärkt starten wir zur lang ersehnten Kurvenorgie. Auf den wenigen Kilometern bis São Brás de Alportel wärmen die Reifen auf, dann beginnt schlagartig eine der schönsten und kurvenreichsten Strecken in Portugals Süden. Kurven und Ecken in allen Variationen. Enge, winkelige, lang gestreckte, geknickte, bergauf, bergab, alles, was das Motorradfahrerherz

Alcoutim und Sanlúcar de Guadiana liegen sich am Fluss gleich gegenüber. Malerisch thronen die blendend weißen Dörfer am grünen Hang, durch die braunen Fluten voneinander getrennt, beide überragt von mächtigen Festungsanlagen. Fernando I. und Henrique II. schlossen hier 1371 den portugiesisch-spanischen Frieden von Alcoutim. Bekanntlich hielt der nicht allzu lange, heute liegt dagegen eher eine leichte Schläfrigkeit über der friedlichen Szenerie. In Alcoutim lassen wir die GS am Ufer stehen und fahren mit einem kleinen Motorboot auf die spanische Seite hinüber. In Sanlúcar de Guadiana schlen-

Am Rio Guadiana liegen sich das portugiesische Alcoutim und Sanlúcar de Guadiana auf der spanischen Seite gegenüber.

dern wir durch die engen, verwinkelten Gassen und gönnen uns ein leckeres, eiskaltes cerveza. Mit dem pendelnden Boot kehren wir bald wieder nach Portugal zurück und folgen der gut ausgebauten N122 zügig in Richtung Mertola. Kurz vor der Stadt orientieren wir uns an den Schildern nach Almodôvar. Die folgenden 40 Kilometer ändert sich das Landschaftsbild. Es wird flacher, die Fläche offener. Riesige Weiden, eingegrenzt mit einfachen Drahtzäunen beherrschen das Bild.

Die Straße, eine wunderschöne Allee, gesäumt von dichten, schattenspendenden Bäumen, führt über lange Etappen schnurge-

rade durch das Grün. Auf den hölzernen Masten, die die Straße begleiten, haben sich Störche ihre Nester gebaut. Kaum hundert Meter liegen zwischen den mächtigen Vogelnestern, überall staksen die schwarzweißen Vögel durch die Wiesen oder ziehen ihre majestätischen Kreise in der Luft.

Feuerwehr aus Eisen

In Almodôvar genießen wir den Schatten der Sonnenschirme auf dem zentralen Platz Praça da Republica. Zu Fuß suchen wir die römische Brücke und staunen bei den bombeiros, den Feuerwehrleuten, über die skurrilen eisernen Figuren. Fleißige Künstler haben aus Zentnern von Eisenteilen, Zahnrädern, Schrauben, Rohren und Hunderten von Kleinteilen einen ganzen Feuerwehrwagen und Feuerwehrmänner zusammengeschweißt – ein tolles Werk.

Von der etwas außerhalb auf einem Hügel liegenden Kirche Santo Amaro werfen wir noch einen weiten Blick über die Landschaft, dann düsen wir wieder zurück in Richtung Grenzfluss. Kurz bevor wir wieder nach Mértola gelangen, es dunkelt schon langsam, biegen wir in einen der kleinen Seitenwege ab. Und schnell finden wir zwischen den immer dichter werdenden Bäumen ein ruhiges Plätzchen am Ufer eines namenlosen kleinen Baches. Ruckzuck steht das Zelt. Auch in Portugal ist das freie Campen in der Natur kein

Problem. Lässt man die nötige Rücksicht walten, stört sich niemand an einem kleinen Zelt im Grünen. Wir lieben unser 1000-Sterne-Hotel, köpfen eine Flasche Portugieser und genießen dazu Baguette und Käse aus der Region.

Durch den Parque Natural do Vale do Guadiana

Pulo do Lobo, nördlich von Mertola, ist unsere erste Station am nächsten Tag. Quer durch den Parque Natural do Vale do Guadiana folgen wir den Schotterpisten, an deren Ende der tosende Wasserfall liegt. Im dunklen Gestein verengt sich der Rio Guadiana und stürzt viele Meter wild rauschend in die Tiefe. Pulo do Lobo bedeutet »Sprung des Wolfes«, und angeblich, so die Legende um das Naturschauspiel, war ein von Jägern gehetzter Wolf im weiten Sprung über die Schlucht seinen Verfolgern entkommen, die deshalb der schmalen Schlucht diesen Namen gaben. Wir lassen uns von der kalten Gischt über dem Wasser gerne noch ein bisschen kühlen, bevor wir weiter in Richtung Norden aufbrechen. Bei Quintos überqueren wir wieder den Rio Guadiana, der hier aber nicht mehr die Grenze

Penthouse in Portugal – Störche mögen's gerne hoch oben.

Kunstvolle bombeiros – eiserner Feuerwehrmann in Almodôvar.

Mértola war schon in vorrömischer Zeit ein bedeutender Handelsplatz.

Monsaraz, das portugiesische Bilderbuchdorf an der Grenze zur Extremadura.

nach Spanien bestimmt. Bis Mourão, fast schon in Sichtweite der spanischen Grenze, sehen wir die ersten Schilder nach Monsaraz. Wir sind schon sehr gespannt auf den kleinen Ort, von dem jeder Fremdenführer in höchsten Tönen schwärmt. Und tatsächlich, hoch oben auf einem Hügel thront der Ort, strahlt mit seinem weißen Glanz weit in die Region hinaus. Gleich daneben, größer könnte der Kontrast nicht sein, das schwarze, wehrhafte Kastell mit seinen mächtigen, zinnenbewehrten Türmen, ein beeindruckender Anblick.

Über rundes Kopfsteinpflaster rollen wir hinauf zur Stadtmauer und parken die BMW gleich neben dem Tor. Zu Fuß erkunden wir

Portugal seinem Ende zu. Zwischen Mourão und Villanueva de la Fresno passieren wir die portugiesisch-spanische Grenze und finden uns mitten in der spanischen Extremadura wieder. Über Oliva de la Frontera und Cortegana steuern wir auf die Sierra de los Buitres zu. Am Ufer des Embalse del Chanza, dem riesigen Stausee, der hier die natürliche Grenze zwischen Spanien und Portugal bildet, stellen wir unser Zelt auf. Wie ausgestorben wirkt die Landschaft, weit und breit kein Dorf und kein Mensch. Trotzdem ist die Geräuschkulisse ordentlich. Tausende Frösche rufen in den feuchten Wiesen und Senken bis in die Nacht um die Wette.

Kurzer Fährtrip

Ein kurzer Abstecher nach Portugal steht als Abschluss unserer Tour noch mal auf dem Programm. Am nächsten Vormittag rollen wir mit unserer GS auf die Fähre in Ayamonte. Unser Motorrad ist das einzige Fahrzeug, ansonsten sind nur noch ein paar Fußgänger an Bord. Ruhig und gemächlich schippert uns der Kahn wieder auf die portugiesische Seite des Rio Guadiana zurück, wo der große Sandstrand auf uns wartet. Sonnenbaden, relaxen und Lenkdrachenfliegen sind hier genau die richtigen Disziplinen, um so eine Motorradtour ausklingen zu lassen.

Als beschauliche Alternative zur Brücke verkehrt zwischen Villa Real de Santo António und Ayamonte noch die Fähre.

dann die kleinen Gassen zwischen den maurischen Häusern, steigen Treppenstufen hinauf und hinab, schauen über die eine oder andere Mauer weit hinaus in die grüne Landschaft. In der großen Arena zwischen mittelalterlichem Gemäuer setzen wir uns auf den Rängen in die Sonne. Wir würden uns nicht wundern, wenn in dieser faszinierenden Kulisse plötzlich Ritter zu Pferd in das Oval reiten würden oder Schlachtenlärm und klingende Schwerter von den gewaltigen Mauern widerklängen.

Mitten in der Extremadura

Nur ungern verlassen wir diesen malerischen Ort, aber langsam geht unser Ausflug nach

ALLGEMEINES

Portugal liegt in der südwestlichen Ecke der Iberischen Halbinsel und fast immer, aber zu Unrecht, im Schatten seines großen Nachbarn Spanien. Die Südküste Portugals mit einem etwa 100 Kilometer breiten Streifen landeinwärts bildet die Algarve. Im Westen der Algarve liegt der Alentejo, eine unberührt herbe Landschaft, von dichter Macchia, unendlichen Getreidefeldern und dichten Wäldern überzogen. Von Faro bis zum Grenzfluss Rio Guadiana dominieren an der Küste ausgedehnte Sandstrände und Dünen, im Westen bricht das Land jäh an der hohen wilden Steilküste mit ihren Grotten und Klippen ab.

KLIMA UND REISEZEIT

Der Süden Portugals ist ein Ziel für das ganze Jahr. Temperatur und Dauer des Sonnenscheins lassen sich an der Küste durchaus mit Nordafrika vergleichen. Selbst im Winter fällt das Thermometer selten unter zehn Grad. Die Gebirge im Hinterland sind dann allerdings deutlich frischer. Frühjahr und Herbst sind die schönsten Jahreszeiten. Im Frühling blüht die Macchia, im Herbst sorgt der Indian Summer für fantastische Far-

Entkorkt – die Rinde der Korkeichen ist Portugals Exportschlager.
Nächste Doppelseite: Traumstrand Los Canos de Meca.

ben, aber dann die Regenkombi nicht vergessen. Juli und August haben statistisch nur jeweils einen Regentag.

MOTORRADFAHREN

Die Grenzregion bietet alles, was das Motorradfahrerherz begehrt. Dank EU-Subventionen gibt es perfekt ausgebaute, aber auch kleinere, spannende, kurvenreiche Strecken für Touren im Hinterland. Endurofreunde kommen ebenfalls im Hinterland voll auf ihre Kosten. Schotterpisten und Bachquerungen sorgen für Kurzweil. Entlang der Küste lässt es sich genüsslich reisen. Vorsicht, Hunde gehören auch in Portugal zum allgemeinen Straßenbild und einige reagieren hysterisch auf Zweiradfahrer. Motorradvermietung: www.portugal-links.de/Algarve/Motorradvermieter

SEHENSWERTES

In der Grenzregion im Süden reizt die einsame Serra de Alcaria do Cume. Echte, unverfälschte, einsame Algarve. Hier scheint jeglicher Fortschritt stillzustehen. An der Küste lockt Tavira und am Rio Guadiana das kleine Städtchen Castro Marim mit seinen beiden Festungen. Etwas oberhalb liegen sich die beiden sehenswerten Grenzstädte Alcoutim und Sanlúcar de Guadiana an den Flussufern gegenüber.

ESSEN UND TRINKEN

Portugal liegt bekanntlich am Meer, dementsprechend groß ist die Vielfalt an Fischgerichten. Hier sticht besonders der Bacalhau hervor, der luft- oder salzgetrocknete Stockfisch. In Spanien ist er als Bacalao ebenfalls bekannt. Angeblich gibt es genau

365 verschiedene Rezepte, für jeden Tag des Jahres eines. Uns begeisterten die verschiedenen Variationen des überbackenen Bacalhau à Braz. Beliebt und sehr lecker sind auch die Eintöpfe Feijoada (Bohnen-), Caldeirada (Fisch-) oder Cataplana (Muscheleintopf). Reizvoll auch die mächtigen süßen Nachspeisen (Sobremesas). Portugal ist der viertgrößte Weinproduzent der Welt, an feinen Tropfen herrscht keine Mangel. Besonders zu empfehlen ist der Vinho Verde, der Grüne Wein. Aber nicht der Wein ist grün, sondern das Anbaugebiet. Es handelt sich um einen leichten, spritzigen Wein, meist weiß, es gibt auch wenige Rote.

UNTERKUNFT

Vom Luxushotel bis zum einfachen Privatzimmer wird alles geboten. Bauernhöfe und gehobene Häuser vermieten oft privat, auf Plaketten am Haus wird darauf hingewiesen. Das Angebot an Ferienwohnungen ist riesig. Es gibt eine größere Zahl Campingplätze. Wer im August ohne Buchung fährt, muss eventuell etwas länger suchen.

KARTEN

Die ideale Karte für die Tour war für uns die Shell-Urlaubskarte mit Reiseinfos und Ortsverzeichnis, erhältlich beim ADAC, Maßstab 1:200 000, ISBN 3-8264-6321-8. Für Planung und Anreise Michelin Spanien/Portugal mit touristischen Hinweisen 1:1000 000, ISBN 2-06-710472-1.

ADRESSEN UND INTERNET

Portugiesisches Fremdenverkehrsamt, Schäfergasse 17, 60313 Frankfurt, Tel. 0 69/23 40 94, E-Mail: dir@icepfra.de. Mit viel Liebe gemacht und sehr informativ ist die private Internetseite www.algarvereisen.com. Interessantes findet sich auch bei www.portugal-web.com.

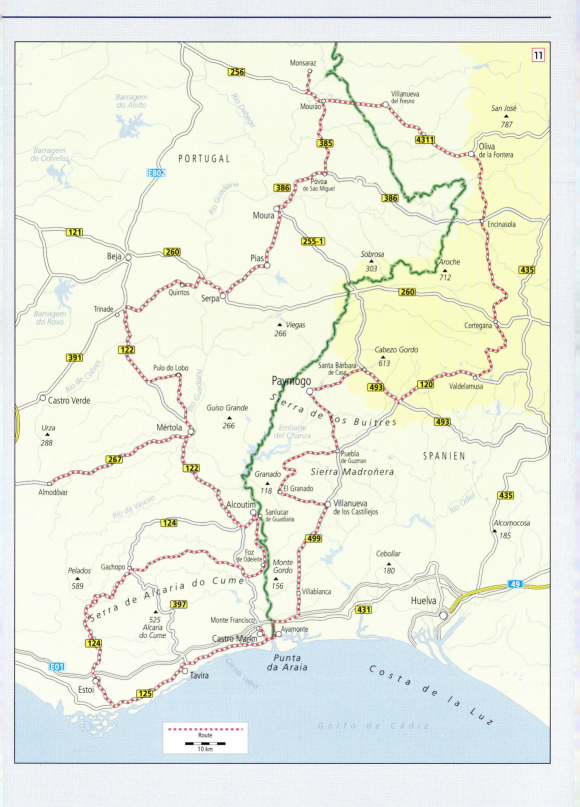

REGISTER

*Farbenfrohe Hausfassade
in Peñiscola.
Bild nächste Seite: Spanische
Wandzeitung.*

IMPRESSUM/BILDNACHWEIS

Bildnachweis: Alle Fotos auf dem Umschlag und im Innenteil stammen vom Autor Hans Michael Engelke.

Ein kostenloses Gesamtverzeichnis erhalten Sie beim
Bruckmann Verlag
D-81664 München
www.bruckmann.de

Lektorat: Dr. Harald Kämmerer,
Simone Calcagnotto
Layout und Satz:
Werner Poll, Putzbrunn
Repro: Scanner Service S.r.l.
Kartografie: Anneli Nau
Herstellung/Umschlag: Thomas Fischer

Alle Angaben in diesem Werk hat der Autor sorgfältig recherchiert und auf den aktuellen Stand gebracht. Sie wurden vom Verlag geprüft. Für die Richtigkeit der Angaben kann jedoch keine Haftung übernommen werden.

Für Hinweise und Anregungen sind wir jederzeit dankbar. Bitte richten Sie diese an:

Bruckmann Verlag
Lektorat
Innsbrucker Ring 15
D-81673 München
E-Mail: lektorat@bruckmann.de

Die Deutsche Bibliothek –
CIP-Einheitsaufnahme

Ein Titeldatensatz für diese
Publikation ist bei der
Deutschen Bibliothek erhältlich.

© 2005 Bruckmann Verlag GmbH,
München

Alle Rechte vorbehalten
Printed in Italy by
Printer Trento S.r.l.

ISBN 3-7654-4352-2